交易大师之路高端书系

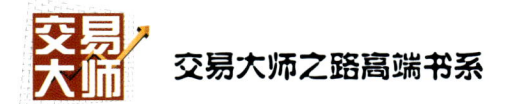

外汇交易实战策略

A Strategies for FX Trading (Volume II)

第二卷

郑声滔◎著

上海财经大学出版社
SHANGHAI UNIVERSITY OF FINANCE & ECONOMICS PRESS

图书在版编目(CIP)数据

外汇交易实战策略(第二卷)/郑声滔著. —上海：上海财经大学出版社，2016.9
(交易大师之路高端书系)
ISBN 978-7-5642-2538-4/F · 2538

Ⅰ.①外… Ⅱ.①郑… Ⅲ.①外汇交易 Ⅳ.①F830.92

中国版本图书馆 CIP 数据核字(2016)第 206514 号

□ 责任编辑　王　芳
□ 封面设计　李森寿

WAIHUI JIAOYI SHIZHAN CELUE
外 汇 交 易 实 战 策 略
(第二卷)

郑声滔　著

上海财经大学出版社出版发行
(上海市武东路 321 号乙　邮编 200434)
网　　址:http://www.sufep.com
电子邮箱:webmaster @ sufep.com
全国新华书店经销
上海景条印刷有限公司印刷装订
2016 年 9 月第 1 版　2016 年 9 月第 1 次印刷

710mm×1 000mm　1/16　10.75 印张　220 千字
定价:39.00 元

富曼欧资本
Fmo Services

选择富曼欧资本的四大理由：

1. 资金安全保障

富曼欧资本的战略合作伙伴 WINCENT 公司获得 FSP 牌照（监管号：FSP385826），并接受新西兰金融市场管理部门（Financial Market Authority，简称 FMA）的严格监管。公司必须遵循该国的监管法令和条例，所有客户的资金与公司储备金完全隔离，并存放在单独的银行账号中。

2. 领先、便捷的交易平台

富曼欧资本为客户推介的 Meta Trader 4（MT4）平台，是目前行业内最受好评的平台之一。平台特点如下：
- 100 倍杠杆支持，最小 0.01 手——满足不同客户个性化的需求。
- 电脑、手机多种客户端支持，交易速度更快——可以随时、随地了解市场动向，把握操作先机。
- 下单灵活，功能强大——灵活设置止损价位和获利价位，确保第一时间成交。
- 支持自编指标——可以将多年的经验总结编写成指标，并应用于图表。
- 支持智能交易系统——可以自己编写交易策略，关联真实账户自动交易。

4. 优质的客户服务

富曼欧资本依托国泰集团在金融市场 15 年的经验，以及扎根在中国市场 12 年的历史，拥有专业的后台技术及风险控制管理团队，现已服务超过 10 万名专业人士，为您的投资保驾护航。

提供包括但不限于以下客户服务：

专业培训 提升胜算
- 每天定时 YY 直播，指导投资者合理操作
- 每周四晚 18：45 分特邀名师网上讲座
- 不定期举办线下各类金融讲座培训活动

一对一专属服务
- 24 小时客服咨询电话，随时为您答疑解惑
- 每日行情分析以及操作建议，助您把握每天的投资方向
- 即时更新微信、微博，以及线上线下贴心服务

即时存取 方便快捷
- 支持财付通（腾讯）网银实时到账支付
- 每天实时汇率更新，自动结算
- 提供多种货币结算账户（如美元及人民币），节省客户换汇成本

3. 丰富的交易品种

外汇
- 外汇市场是全球最大的资本投资市场，每天有超过 5.46 万亿美金的资金流动，除了其中最为活跃的欧元 / 美元、英镑 / 美元外，还为客户提供了 18 组可交易的货币对，满足客户的更多需求。

贵金属、能源等差价合约交易
- 富曼欧资本对于黄金、白银、原油等热门现货期货产品，提供其差价合约交易。

股票、基金以及各国金融指数交易
- 富曼欧资本未来还将为您提供包括在美国、英国、欧洲和亚洲市场中众多的股票、基金、各国指数等差价合约交易。

创新金融，智慧资本

富曼欧资本（FMO SERVICES）是全球领先的投资咨询及金融交易经纪中介商。秉承国泰集团15年从事金融行业的成功经验，致力于为广大客户提供包括股票、期货、外汇、贵金属、原油等在内的国际现货及金融衍生产品的经纪中介服务(Introducing Broker)，为客户提供相关市场信息、交易策略、交易心态及交易技能培训等服务，帮助客户达成在国际金融市场中进行多元化资产配置和分散投资风险的愿望，实现长期、稳定盈利的目标。

公司与全球知名的银行及其他金融机构形成了长期、稳定的战略合作关系，建立了广泛的市场接入渠道，保障客户取得低成本、高流动性、即时准确的交易执行条件。同时，公司拥有一支具有丰富金融衍生品投资经验的风险管理团队，以及一支精通各种复杂IT架构的系统维护团队和一支熟悉国际与国内金融监管事务的法务管理团队，确保公司在高风险的金融市场中长期持续、稳健、合法经营，保障客户的金融资产安全不受侵害。此外，公司还拥有一支具有十年以上从事保证金行业经验的核心营销团队，在全国100多个城市建立了经销渠道，建立稳固的客户资源，在金融市场上获得成功。

富曼欧资本与新西兰公司 WINCENT 建立战略合作伙伴关系，成为该公司在中国地区的唯一经纪介绍商。WINCENT 公司授权富曼欧资本在中国地区以 FMO 作为业务品牌名称开展经纪业务，向中国投资者推介该公司的外汇、贵金属、原油等国际金融衍生品交易，为中国资本的全球配置构筑起了进入国际金融市场的通路。

24小时服务热线
400-880-0266
www.fmoservices.cn

fmo Services

微信关注　　手机官方网站

富曼欧(上海)投资股份有限公司　　地址：上海市黄浦区南京西路338号1308室　　www.fmoservices.cn

序

  如果告诉您眼前这本《外汇交易实战策略》(第二卷)出自一位高校英语系教授之手,可能会让您感到惊异;如果再告诉您这位教授由于行动不便不得不坐在轮椅上生活和工作,您不得不叹服这是一个奇迹!

  我与作者郑声滔先生相识相交十多年了。十年前,他选择国泰资本开户入金,成为中国最早一批在外汇保证金交易领域的探索者。那时的他,勤奋好学,敢拼敢闯,我们不时会就一些金融交易的问题进行研究、讨论。我当时觉得,郑教授对外汇保证金交易或许就是一种个人的业余爱好而已。没想到他会把这当作持续的事业。十年之后,郑教授除了在自己的专业领域里教书育人、著作等身以外,他的外汇保证金交易事业也取得了丰硕的成果——作为福建所罗门投资有限公司创始人,他自主研发了"三三布阵法"外汇交易分析体系,带领的团队连续多年在金融投资领域取得了骄人的业绩。现在,郑声滔先生又秉承传道授业的大爱之心,将他的"三三布阵法"交易的核心思想和操作方法,集结成书,公布于世,让中国普通的外汇投资者能够敲开盈利之门,这对于我们整个行业来说,无疑是一件令人欢欣鼓舞的事!

  据我所知,郑声滔先生的"三三布阵法"博大精深,涉及100多种具体的交易方法和交易策略,显然不是一本书就能穷尽的;但"三三布阵法"的基本原则是分散风险,管理仓位,这在本书中得到了淋漓尽致的体现。本书由浅入深,点面结合,简明扼要地阐释了一系列"三三布阵法"体系中的交易策略和交易方法。这些交易策略和交易方法,在市面通行的金融书籍中,是找不到的,给人耳目一新的感觉。比如,在讲到"趋势四条件"时,本书给出的判断框架很好地解决了趋势转换的判别问题;再比如,本书中阐述的"降倍法""拆单法""梯级止损法"等,很好地解决了在订单不利情况下的风险处理问题。本书还完整地介绍了"BR与LBR交易法""双挂单交易系统""金手指综合对冲交易法""不加倍方法""基本面与技术面综合分析做单法"等实战策略,相信这些策略即便是对有经验的交易者来说,读之都会受益匪浅。

郑教授用这本书告诉我们"一切奇迹皆有可能"。当初的他,因为双腿残疾而被大学拒之门外,但他却创造了成为一名"没读过大学的大学教授"的奇迹;此刻的他,没有任何金融专业背景,却创造了成为一名"金融奇才"的奇迹;郑教授心中还有一个梦想,那就是创办"中国自强大学",帮助中国所有的残疾人实现大学梦。这个梦想一直激励他在金融事业上奋斗不懈。我相信郑教授能够创造下一个奇迹。祝愿他的梦想早日实现!

是为序。

富曼欧(上海)投资股份有限公司

潘福平

2016年8月25日于上海

前　言

随着中国金融市场不断对外开放与国际接轨、人民币加入 SDR 汇率逐步市场化，越来越多的居民、企业乃至学者、官员都开始关心汇率、谈论汇率，外汇市场成为金融市场最核心、最重要的金融领域。目前国际外汇投资品种众多，包括外汇期权、外汇期货、外汇互换等，而各种外汇产品各有其理论、方法和技术等特殊性，投资者怎样才能在外汇市场上立于不败之地，很重要的一条就是从书本到实践、从实践到书本的不断学习。

郑声滔先生是一名高校教授，也是福建所罗门投资有限公司的创始人，具有十余年丰富的交易经验，对外汇交易的研究也颇有心得。他把理论和实践相结合，独创"三三布阵"法，用一套完善的交易系统来保证盈利，这就是郑教授作为投资高手的过人之处。

2015 年 9 月，郑教授所著《外汇交易实战策略》出版，广受好评。本书为其第二卷，几乎涵盖外汇交易的所有重要内容，包括外汇交易基础知识、基本分析方法、交易策略、资金管理等。其中重点阐述了郑教授独创的"三三布阵"法，将自己的交易宝典倾囊而出，系统、详尽地向广大投资者阐述国际外汇交易实战策略。无论对于外汇交易初学者，还是有些经验的投资者，研读本书都将会获得不同的收获。

目录 Contents

序/ 1

前言/ 1

绪论　外汇介绍与交易基础/ 1
第一节　资金管理和心态/ 3
第二节　基本概念/ 7
第三节　基础技术指标/ 20
第四节　看盘软件 MT4 简介/ 44

第一章　对于加倍方法的处理办法/ 49
第一节　引言/ 51
第二节　关键点降倍处理/ 51
第三节　拆单介绍/ 53
第四节　降倍处理/ 54
第五节　循环处理/ 55
第六节　梯级止损/ 57

第二章　BR 与 LBR 交易法/59

第一节　BR 交易法/61

第二节　LBR 交易法/63

第三章　双挂单交易系统/67

第一节　引言/69

第二节　双挂单交易法/69

第三节　搭配双挂单的 G 线破位法/71

第四节　与双挂单配合的中轨破位/73

第五节　搭配双挂单的上下轨破位法/75

第四章　金手指综合对冲交易法/77

第五章　不加倍方法/83

第一节　双头双底交易法/85

第二节　头肩交易法/88

第三节　两线依序支持的回调单交易法/91

第四节　14 日线交易法/93

第五节　Golden 信号与 G 线重叠交易法/96

第六节　高空低多跨 G 交易法/102

第七节　跨多线的交叉或金手指/105

第八节　交叉同时出金手指/107

第九节　优秀 K 线形态后出交叉/109

第十节　分形交易法/111

第十一节　时机交易/114

第十二节　优秀的顺势 K 线单/116

第十三节　三破一叉/118

第十四节　有利影线之后 G 线与 MACD 绿线同向单/120

第十五节　水平线关键点交易法/122

第十六节　回马枪交易法/125

第六章　基本面与技术面综合分析做单法/133

第七章　交易方法通用知识/141

第一节　平仓条件/143

第二节　通用的判断条件/144

第三节　比较通用的加倍方式/148

第四节　交易技巧/149

第八章　三三布阵法实践感受/151

第一节　引言/153

第二节　郑教授学生三三布阵实战解读及感想/153

绪论

外汇介绍与交易基础

第一节　资金管理和心态

一、外汇交易简介

(一)外汇市场的特点

(1)风险性。外汇交易属于风险投资,没有一套合理的交易方法、管理策略,亏损的概率就会大大增加。但是,只要有正确的交易方法,良好的心态,恰当的资金管理,就可以将风险最小化,从而使盈利的概率大大增加。

(2)全球性。汇价波动的主要动力源于市场自然交易资金流向的影响,以及某些与金融、经济相关的政策消息的影响(一般称为"数据");"市场交易"和"数据"双方本身会互相影响,但很难受某个国家、某个集团的幕后控制。

(3)连续性。即 24 小时无休止交易,由全球各主要交易市场开盘、收盘的不同时间段衔接而成。可以及时交易、及时平仓,而股票进单、平仓时有可能受限(即 T+1、涨停、跌停)。

(4)双向性。即两个交易方向,既可做多(先买后卖),也可做空(先卖后买)。

(5)公平性。全球外汇是同一个交易市场,不受任何人的操控,也没有内幕消息,是最公平的交易市场。与外汇相比,股票容易受某财团、庄家幕后操纵股价;只能做多,当市场不景气时,较难盈利,已投入的资金无法解套;还面临公司破产的极大风险。

(二)外汇交易的盈利方式

操作某个货币对,做多或做空,当汇价往做单方向走出一定的点数 A,扣除交易平台收取的点差 B(可以理解为银行收取手续费),盈利额=(A-B)×交易量。

二、保证金交易方式与资金管理的重要性

(一)保证金交易方式

(1)实现"小钱做大生意",保证金可以理解为做买卖时,投入的按交易杠杆换算后的成本。

以做一笔交易量 1 000 美元的买卖为实例说明。若没有交易杠杆的存在,则须从账户付出 1 000 美元作为投资成本,买卖结束后,按 1 000 美元交易量计算实际盈亏得失;当存在交易杠杆 400∶1 时,同样的买卖,只需从账户付出 1 000÷400=2.5(美元)作为保证金(由平台收取,暂时冻结),买卖结束后,仍按 1 000 美元的交易量计算实际盈亏得失,保证金取消冻结,返回为可用余额(可用保证金)。相当于用 2.5 美元的成本就能实现 1 000 美元的买卖。

(2)交易杠杆放大了投资成本的倍数,所以也同时放大了盈利或亏损时的金额。而不是说投入 2.5 美元的成本,盈利或亏损时,最多就盈利或亏掉 2.5 美元。因为计算实际盈亏时,是按投资成本为 1 000 美元进行计算的。因为外汇货币对汇价点数是计算到 5 位有效数字的,按标准 10 000 美元交易量计算,汇价波动 1 点,如欧美汇价从 1.2730→1.2731 时,则盈利或亏损额=(1.2731-1.2730)×10 000=1(美元);对 1 000 美元交易量,汇价波动 1 点,实际盈亏为 0.1 美元。所以,按 1 000 美元交易量做一条单,投资成本 2.5 美元,如果汇价波动 50 点,那么实际盈亏为 5 美元。

(二)资金管理

(1)为了控制风险,保证账户安全,我们规定了基础交易量,并进行交易手段的控制,作为资金管理的重要手段。基础交易量(单位量),一般以账户资金的1∶1设置。例如,做一条1 000美元交易量的单,已用保证金暂时冻结2.5美元,仍有997.5美元作为流动资金(可用保证金)可承担汇价波动时中途的盈亏额。

(2)交易手数(合约数)的控制(下文提到的倍数指账户资金对应的交易量,例如1 000美元的账户,1倍指交易1 000美元的量)。

实际做单时,须按基本单(盈利概率≤50%)1倍,优秀单(盈利概率90%)不超过5倍,特优单(盈利概率99%)不超过20倍,模拟或真实账户初期都按1倍进单,随着操作熟练度、对交易法理解度的提高,以及做单经验的累计,逐步增加适当的手数,直到上述限度。

以账户1 000美元、做特优单20倍为例,实际交易量=1 000×20=20 000(美元),保证金=20 000÷400=50(美元),则账户还有950美元承担汇价波动,可承受的最大亏损点数=950÷2(20 000美元每波动一点为2美元)=475(点),账户还处于比较安全的状态。如果汇价同样波动50点,则盈亏额=0.1×50×20=100(美元),相当于1条特优单若成功盈利50点,则可赚取账户的十分之一;反过来,亏损时,也将亏损账户的十分之一。

交易杠杆是400∶1,并不意味着可以做400倍的单。以1 000美元账户100倍为例,保证金已冻结250美元,剩余750美元,可承受的最大亏损点数=750÷(0.1×100)=75(点)。而外汇比较活跃的货币每天正常波动范围在100～200点,意味着做一条100倍的单,当盈利100点时,账户资金就翻倍;当亏损75点时,中途的亏损额≥流动资金750美元,此时,交易平台就会把所有交易强制平仓(做多的单强制以当前卖价卖出,做空的单强制以当前买价买入),俗称账户爆仓,只归还冻结的保证金250元,账户资金剩下四分之一。所以,超量做单,即使偶尔尝尝甜头,一不小心就会"回到解放前"。

外汇交易法做的是盈利概率,追求的是稳定盈利,即"细水长流",在稳定(不是每条单都稳定盈利,而是保持一定的盈利概率使得总体盈利)的基础上,可以适当扩大"水流",但不能威胁到账户的安全,因为即使技术面的指标再好,也有亏损的概率,所以不能存有"赚一票走人"的侥幸心理。

三、正确的做单心态

(一)先做几个判断题

(1)有时一看就知道是好单,此时不能再参考太多,以免错过进仓时机。(×)

改错:做单应保持平稳淡定的心态,太过着急,就会经常看到一些似是而非的条件;而且忽略有利、不利等条件也都会影响优秀单的成功概率,不能单凭印象或感觉就着急进仓。

(2)一天的盈利机会很多,只是缺少发现,所以如果前面做亏了,只要多找多做,就可以平回来。(×)

改错:做单最怕急功近利的心理,也最怕存有一定要找回亏损的心理。否则,在急躁心态下,信号更容易看错。同一个信号,在强烈心理期待下,会只看到有利因素,忽略不利因素,或者即使看到了不利因素,也会给自己找理由或凭借"经验"断定该不利因素是不强烈的,就会多做多错,导致更大的亏损。

(3)遇到符合进单条件的信号,看到时已经比最佳进仓位错过一些点数,但明显还没走出大趋势,应该立即进单,否则就会错过信号。(×)

改错：做单不能怕错过，应保持舍得的平静心态，已经错过较多点数的单，不追进；若是没走出趋势，等回调再进更合算，也更容易盈利出来。不回调就不进，虽然没赚到，但至少不亏，要保持舍得的心态。

（二）正确的心态、做法

（1）平静从容，不急躁、不侥幸，保持舍得的心态。

（2）严格按交易法的规则做单，不能靠感觉做单，判断信号好坏时不要受太多主观思想的干扰。

（3）做单之前不讨论（学会独立），做单之后勤讨论（重视总结）。

（4）模拟当作真单做，真单当作模拟做。

四、学习精神

1. 刻苦、勤奋、创新、与时俱进
2. 重视总结，重视历史图
3. 团结、互帮互助
4. 胜不骄、败不馁

第二节　基本概念

一、多、空，进仓、平仓

（一）做多

按规则判断信号，汇价上涨的概率较大，先在较低的价位按市场买入价格买入（进仓），后在较高的价位按市场卖出价格卖出（平仓）。

(二)做空

按规则判断信号,汇价下跌的概率较大,先在较高的价格按市场卖出价格卖出(进仓),后在较低的价格按市场买入价格买入(平仓)。

(三)进仓

判断信号,预测汇价走势,按预测的方向发起交易。对于做多,就是买入;对于做空,就是卖出。

(四)平仓

结束交易。对于做多,就是卖出;对于做空,就是按同量买回。如图0-1所示。

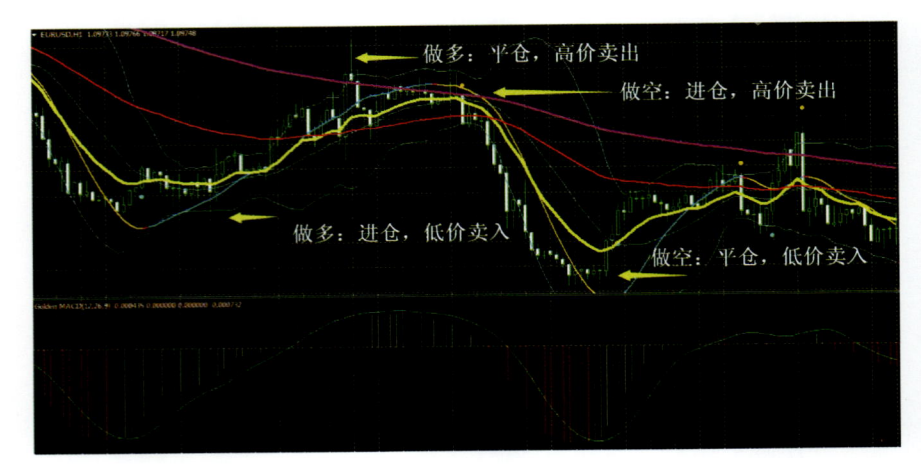

图 0-1

二、货币,货币对,点,点差,基本盘(直盘)、交叉盘(叉盘),隔夜利息

(一)货币

USD 美元、GBP 英镑、EUR 欧元、JPY 日元、CHF 瑞士法郎、CAD

加元、AUD 澳元、NZD 新元/纽元(新西兰)。

(二)货币对

不同货币由之间的汇率组对而成,作为外汇交易的一种商品,用来买卖的交易对象。例如,EURUSD 欧美,EURJPY 欧日,GBPUSD 英美(镑美),GBPJPY 英日,GBPCHF 英瑞,USDCAD 美加,USDCHF 美瑞等。特殊商品,如 XAUUSD 黄金、XAGUSD 白银,虽然概念上不属于货币对,但实际交易时,也把它当作一种货币对一样买卖。

当买卖货币对时,一组货币对的前一种货币和后一种货币是相反的市场操作,但对交易员来说是透明的("透明"表示交易员不用理会两种货币的实际操作,只需把握整个货币对的买卖方向即可)。例如,进仓时,买入欧美,其实市场的实际操作是买入欧元,卖出美元,即用账户上的美元去换欧元;平仓时,卖出欧美,市场的具体操作就是卖出欧元,买回美元,即把账户上的欧元换回美元;但交易员无需关心币种具体如何转换,只需记住进仓时,欧美是买入(做多),平仓时,欧美是卖出(做空),在交易平台上也是针对整个货币对进行买卖,而非把买或卖分成两个步骤。

(三)点:点位的确立

汇价精确到 5 位有效数字时的最低位,变动几个差额就称为走了几个点。例如,英美 1.5315→1.5200 表示英美的汇价下跌 115 点,欧日 112.56→113.60 表示欧日上涨 104 点,黄金 1215.9→1225.8 表示黄金上涨 99 点。但某些货币对的当前价格只有 4 位,例如,美日 88.72,NZDUSD 新美 0.6885。总结如下:XAUUSD 黄金精确到 1 位小数,对日的货币对(货币对中带 JPY 的)和 XAGUSD 白银精确到 2 位小数,其他一般精确到 4 位小数。

(四)点差

同一时刻,同一货币对的"市场买入价格"总比"市场卖出价格"高几个点，之间的点数就称为点差。造成假设当汇价静止不动时，做多买入后立即平仓卖出，或做空卖出后立即平仓买入，都是亏损的。点差可以理解成交易平台对我们的交易收取交易手续费，所以汇价要往做单方向走过至少与点差相同的点数，才能保本。

(1)同一交易平台，不同货币对的点差不同。例如，富曼欧平台的欧美 2.5 点，英日 5 点。一般点差较大的货币对，短期内走势波动也较厉害，但不是必然关系。

(2)同一种货币对，不同交易平台的点差也可能不同，因为不同交易平台隶属不同公司。例如，富曼欧平台的欧美 2.5 点，博威平台的欧美 3 点。如果看盘、交易分别使用不同平台，则点差要以实际交易的平台为准。

(3)实例。以看盘平台 MT4 为例，说明点差的存在，使得做多、做空不同方向时，进仓、平仓的不同体现。因为汇价走动时，卖价、买价同时波动，但是之间始终保持固定的差额点数，就是点差；而 MT4 软件的 K 线都是只显示卖价，相当于还有一条隐形的价格线一直保持在当前图形所显示的价位＋点差的位置作为市场买价。则当做多时，进仓就是以图形所显示的价位＋点差的实际价位买入，平仓(对做多来说，平仓就是卖出)时，以看盘平台所显示的价位卖出；做空正好相反，进仓(先卖出)时，以看盘平台所显示的价位卖出，平仓(买入)时，以看盘平台所显示的价位＋点差的价位买回。从实质上说，做多、做空是不矛盾的，只要记住，卖出时都是以图形所显示的价位卖出，买入时都是以图形所显示的价位＋点差的价位买入，只因做多、做空的买卖先后顺序不同而表现不同。图 0－2 可以直观地体现这一点。

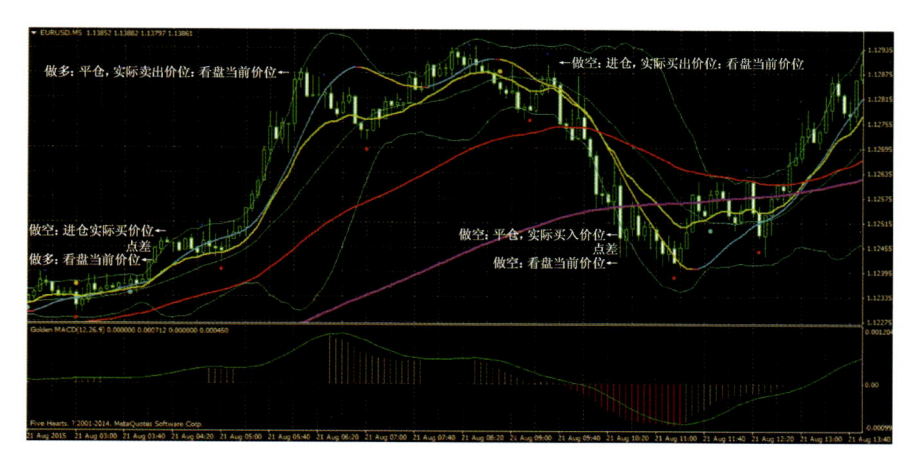

图 0-2

(五)基本盘、交叉盘

直接对美元的货币对,称为基本盘(直盘)。没有美元参与的货币对,称为交叉盘(叉盘)。

因为美元是当今世界货币的"老大",也称"硬通币",所以,交叉盘的市场,实际操作也是通过美元中转进行。例如,买入英日(即买入英镑、卖出日元),市场的实际操作是,买入英镑、卖出美元+买入美元、卖出日元;但同理,这些对交易员也是透明的,交易员只要对英日货币对执行买入或卖出即可。

交叉盘由于经过两步转换,点差一般比直盘大。例如,以富曼欧为例,英美 4 点,美日 2.5 点,英日 6 点(比两个基本盘的点差和还大);也有的增加不大,如欧美 3 点,美日 2.5 点,欧日 4.5 点。

1. 基本盘和交叉盘相互参考的意义

(→表示波动很小或基本不动,↗表示上升,↘表示下跌,↑表示急升,↓表示急跌,↑↑表示狂升,↓↓表示狂跌)

(1)欧美↗,美日→,则欧日↗;

(2)欧美↗,美日↗,则欧日↑;

(3)欧美↗,美日↘,则欧日→;

(4)欧美↗,美日↑,则欧日↑↑;

(5)欧美↗,美日↓,则欧日↘;

(6)欧美↑,美日→,则欧日↑;

(7)欧美↑,美日↗,则欧日↑↑;

(8)欧美↑,美日↘,则欧日↗;

(9)欧美↑,美日↑,则欧日↑↑;

(10)欧美↑,美日↓,则欧日→。

2. 注意点

(1)理解上述"推论"时,可以先假定美元本身不动(不升值也不贬值),以 I 为例,欧美↑,则欧元就是升值;美日↑,则日元是贬值;欧元急升而同一时间日元急贬,则欧元兑日元的汇率价格肯定狂升。

(2)参考意义是相互的,上述某种情况中,任意两个货币对的走势组合都可以推出第三个货币对的走势。

(3)上述组合"推论"只能用来辅助参考,不能成为做单依据。因为货币对的汇价走势变换有时是瞬息万变的,以 A 为例,不是判断欧美↗,就一定一直↗,有可能总体↗,但短时间内↓,则欧日就不一定会↗。

做单时,还是以本货币对的图形显示的技术指标为主,去判断。例如,看到欧日一个很好的做空信号,但看到欧美在上升,美日又不大动,于是不敢进单或者心理上断定欧日做空的信号是差的;而实际上,若欧日做空信号没判断错,确实是好信号,则很可能美日从不怎么动突然间就变为急跌,即使欧美仍在上升,但欧日还是照样狠跌。

(4)理解深刻了,操作熟练了,才偶尔参考。否则不要参考,本货币对的指标才是最主要的。

(六)隔夜利息

交易平台的收益除了收取每一笔交易的点差外,还会对一天结束之前仍没平仓的进单额外扣取一定的费用,称为隔夜利息(虽然称为利息,但不是我们获利,而是平台向我们收取,有时会是赔给交易员利息,这由交易员的下单持有的货币和方向决定)。

以 MT4 为例,每天在美国时间下午 5 点(收市时间),北京时间为夏天凌晨 5 点、冬天早上 6 点(相对于北京时间,美国的冬令时与夏令时相差 1 个小时),对仍未平仓的单按交易量的万分之一(对应 400∶1 理论的交易杠杆)收取费用,相当于该货币对 1 点的价值。周六、周日平台没开盘,所以周三收 3 倍补齐,相当于一周仍收满 7 点。

当以较大时段 1H 或 4H 甚至 1D 图做单时,比较容易遇到隔夜收取利息的现象。

是否收取隔夜利息与交易平台有关,有些平台不收取。

三、止损、止盈、移动止损(追踪止损)

(一)止损

进单后,为了保障账户安全而设置的预期认亏的价位。因为没有一种交易法能确保 100% 盈利,所以,当行情往做单相反的方向走时,即会造成暂时亏损,越往反向走,累计的亏损越多,所以需要设置一个最大限度的亏损,以保障不会大亏且保留翻本的机会。

不可因为害怕亏损而不设止损!不可因为存在侥幸而不设止损!否则后果很严重!

止损的设置具体如下:

(1)选取止损参考点,按交易法的规则,选取对反向走势可能存在阻力或支撑的位置作为参考点。不同交易法一般选取的位置不同。一般常用"K线的前高低点""K线的近前高低点""趋势线""200日线""G线""金手指黄、蓝点"其中之一(后面将具体介绍)。

(2)以止损参考点(得到的看盘数值是卖价),做多－X,做空＋X＋点差。止损参考点的数值是从看盘平台直接读取的数值——卖价对做多来说,平仓操作是卖出,所以看盘的图形走到止损参考点－X点的位置即打止损;对做空来说,平仓操作是买入,所以看盘的图形走到止损参考点＋X点的位置时,因为看盘显示的是卖价,而此刻买入价格就已经到＋X＋点差的价位,所以也打止损。所以看起来做多、做空不一样的设置,其实都同样是反向走到超过止损参考位X点的位置时打止损。如果止损,损失总点数做多、做空也都一样,都等于进仓位的开盘价到止损参考点之间的点数＋X＋点差。

X取值:一般1M、5M图,X＝3点;15M、30M图,X＝5点;1H图,X＝10点;4H图以上,X＝15点;1D图,X＝20点。

＋X点的意义:以近前高低点当参考点为例,近前高低点代表着该位置很可能有着某种阻力或支撑(否则汇价就不会走到该处就回头),而货币对的汇价在波动时,经常会出现再次冲击近前高低点时,有时过不了近前高低点就回头走,有时正好走到与近前高低点一模一样的价位或只超过几个点就再次回头从而反转的情形,所以＋X点增加成功概率。

严格按交易法的对应规则设置,不可擅自更改止损位!

(二)止盈

进单后,预期盈利额度而设置的价位。同样按交易法相应规则设置,不可擅自更改。

(1)止盈的抓取尺度是一种策略。例如,若每单都抓止损1.0倍,则做单成功率只要≥50％就能保证不亏;若每单都抓止损0.5倍,虽然自动打止盈的几率变高,但1单亏损需要2单盈利才能打平,则做单成功率须

≥66.7%才能不亏；还有一种抓固定点数的策略，如1H欧美抓60点，4H抓100点。

(2)注意点。

①设置止损、止盈时，须以客观的最佳进仓位，而不以主观的进仓位设置。止损或止盈一般都以交易法规定的符合进仓条件的K线的开盘价(最佳进仓位)为出发点进行设置，人为误过点数只会影响实际的盈损点数，而不会因此改变止损位、止盈位。

②达到止损或止盈的价位时，平台自动平仓，不用人为干预。

(三)移动止损

移动止损也称追踪止损，是交易平台提供的功能(可能是GTS首创)，即可在设置止损时，除了设置基本止损位，还增加设置"步长"为一个固定点数，当汇价如期往做单的有利方向走一个"步长"时，平台会自动把当前止损位更新为加上(做多＋、做空－)"步长"后的新止损位。所以，每时每刻，留给汇价回调的空间始终是进仓位和最开始设置时的基本止损位之间的点数。

(1)使用移动止损可能出现以下情况：当汇价走过较大趋势后，止损位超过了进仓位，汇价回头打止损时仍为盈利，一般应用在抓大趋势时，把止盈设置为很大的点数，辅助采取移动止损的方法追踪，抓取大止盈。

(2)此法有利有弊，当中途出现深度回调时，打了更新后的止损位自动平仓，但没打到最开始设置的基本止损位，后来又往做单方向大走，则原本若不采取移动止损的方法可以大赚，造成只有小盈或仍为亏损。

建议：做单时最好不用，即使很有兴趣也先模拟，熟练后才应用。因为即使趋势判断正确，也很难把握中途回调的幅度。

四、时段图、中趋势、大趋势、小趋势及各趋势图之间的关系

（一）时段图

表示 K 线由多长时间周期形成。例如，5M 图是 5 分钟形成一根 K 线，1H 图是 1 小时形成一根 K 线。MT4 共有 1M（1 分钟）、5M（5 分钟）、15M（15 分钟）、30M（30 分钟）、1H（1 小时）、4H（4 小时）、1D（日图）、1W（周图）、MN（月图）。

（1）一般特点。时段越小，图形变化越频繁，同一种交易法的信号走的点数一般也越小，止损、止盈也越小；由于不论按哪种时段图做单，交易平台收取的点差都一样，所以越小的时段，点差比重占得越大，而对同一种交易法，时段越大，相对越稳，盈利的机会越有保证，但是止损、止盈越大，等待的时间越长，亏损时的点数也越大。

（2）举例。以英日点差 9 点，1H 图和 5M 图的止盈同样抓止损的 1.0 倍为例。假设 1H 图的进仓位到止损参考位的距离（代称 A）为 100 点，5M 图的 A 为 30 点，则 1H 图的止损 100＋5（时段 X 点）＋9（点差）＝114 点，看盘须往有利方向走过 114 点，等于 A 的 1.23 倍；而 5M 图止损＝30＋3（时段 X 点）＋9＝42 点，看盘须走 51 点，等于 A 的 1.7 倍。可见，同样的信号，止盈抓同倍，在越大的时段，越容易实现。

（二）中趋势

一般而言，本趋势（作为进单依据的时段图）的 3～8 倍时长的时段图，称为本趋势的中趋势。做单时除了本趋势的技术指标外，中趋势是最经常参考的时段图。

按"本趋势→中趋势"的对应关系列举如下：1M→5M，5M→15M，15M→1H，30M→4H，1H→4H，4H→1D，1D→1W，1W→MN。

(三)大趋势

中趋势的中趋势,称为本趋势的大趋势:1M→15M,5M→1H,15M→4H,30M→1D,1H→1D,4H→1W,1D→MN。

(四)小趋势(下一级)

从中趋势的角度看,本趋势就称为中趋势的小趋势:5M→1M,15M→5M,30M→5M,1H→15M,4H→1H,1D→4H,1W→1D,MN→1W。

(五)各趋势图之间的关系

(1)本趋势:依据做单的信号所在的时段图。本趋势是做单最基本也最主要的依据,分析时从本趋势的技术指标入手,若本趋势分析的结果差,一般就直接放弃,无需参考其他。

(2)中趋势是本趋势的宏观方向,是"发布命令的指挥官";大趋势是"维持路线的司令官"。

①中趋势是做单时除本趋势外最常参考的重要依据。一般情况下,上升或下跌趋势确定后,在反转之前都会走一段时间(有长有短,不可具体界定,但可从技术指标预估),在此时间段内,本趋势与中趋势方向相反的信号,一般都不会逆转中趋势。在本趋势看起来像反转的信号,从中趋势看起来,很多时候只是回调(不是绝对,有时也因此反转成功),之后又往原方向走。

②注意点。并非说,因此就不能做与中趋势方向相反的单,只是说,做与中趋势一致的单相对更安全,与中趋势不一致的单相对更危险,一切都是相对的,最主要仍看本趋势的技术指标,若分析可做,则照做;若分析不可做,即使与中趋势一致,也绝不可做。

③大趋势在实际做单时较少参考,因为大趋势若出一根大K线或特大K线,一般本趋势很可能已经止损或止盈。

（3）小趋势是本趋势的分解、驱动，是"革命的先行者"。实际做单时，也较少参考小趋势。但任何趋势的反转都是从小趋势开始的，也就是说，原本总体处于上升或下跌趋势，要转为下跌或上升，都是从小趋势最开始体现，同类信号也出现得最早。

五、近高低点、高低位、相对高低位、做单有利原则

（一）近高点、近低点

K线行进过程中一般是波浪式，所处位置的本次波折形成的高、低点，称为近高点、近低点。

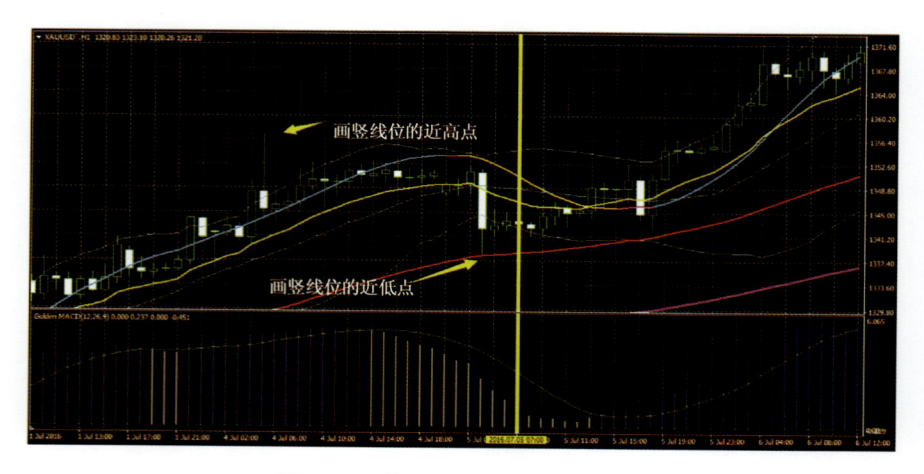

图 0—3 黄金 1H 201607050700

（二）高位、低位

前面一段时间明显处于上升/下跌后，所处的位置可称为高位/低位。没有固定的判别依据，但可参考大概50根K线以上，如果急升或急跌走的点数很大，则不用参考K线数目，一般会表现为走势过程中连续多次创新高/新低。

若在高、低位出现反向信号，则称为高位空、低位多；反之，若出现与

总体走势同向的信号,则称为高位多、低位空。

(三)相对高位、相对低位

前面走出高、低位后,又反向走了较多点数,但没有反转,再出与原来走势同向的信号,所处的位置距离前面的高、低点还有较大点数,称为相对高位空、相对低位多。总体处于高、低位,但出反向信号后所处的价位已距离近前低、近前高点较近,称为相对高位多、相对低位空。

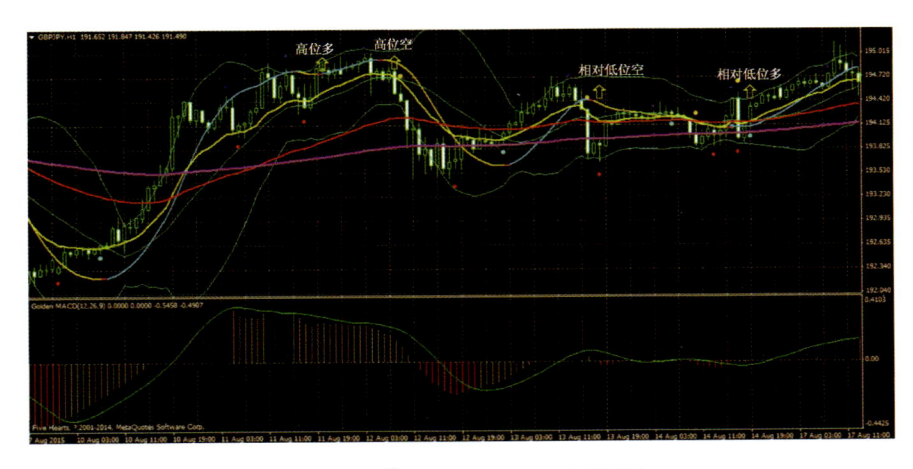

图0—4　英日　1H　201508100800

(四)做单有利原则

尽量做高位空、低位多或相对高位空、相对低位多的单,盈利概率、盈利空间更有所保证。尽量不做高位多、低位空的单,但也不是绝对不可做,只是对其他有利因素的要求须更高,否则失败概率较大。

第三节　基础技术指标

一、二级图、网格

(一)二级图

使用"放大"按钮功能把MT4看盘软件的主窗体放到最大时,称为一级图;缩小一次,称为二级图;二级图再缩小一次,称为三级图;依次类推。做单时在判断技术指标时,特别是涉及描述各种技术指标之间的距离时,均以二级图为准。

(二)网格

看盘软件主窗口的背景上由纵横虚线组成的方格,称为网格。以后的多项指标在描述彼此之间的距离时,一般以网格的纵向格子数为标准。

网格的特点:格子的单位点数随着汇价的行情走动可能会发生变化。因为在相同的电脑分辨率下(一般使用1024×768),主窗口在二级图时所显示的K线数目是固定的(一般以48~50根为标准),当汇价大走时,从窗口所能显示的K线的汇价范围较大,每格的点数也较大;但当汇价不怎么走的时候,显示同样数目的K线的汇价范围就小很多,每格的点数也缩小。虽然会变化,但判断指标时都以当时的格子数为准。对于历史图,可把判断位置拉回到窗口的最右边,就可恢复当时的格子数。

二、K线形态

(一)K线、4种价格

由开盘价(Open)、最高价(High)、最低价(Low)、收盘价(Close)共4种价格组成可能带上、下射线的长方形,称为K线,表示在单位时间内(时间周期与所参考的时段图一致),开始时刻在开盘价,中途汇价在最高价与最低价的区间内波动,单位时间结束的最后时刻收于收盘价。

当鼠标停留在K线的收盘价时,会有浮动窗口显示当前K线的时间以及4种价格,如图0-5所示。

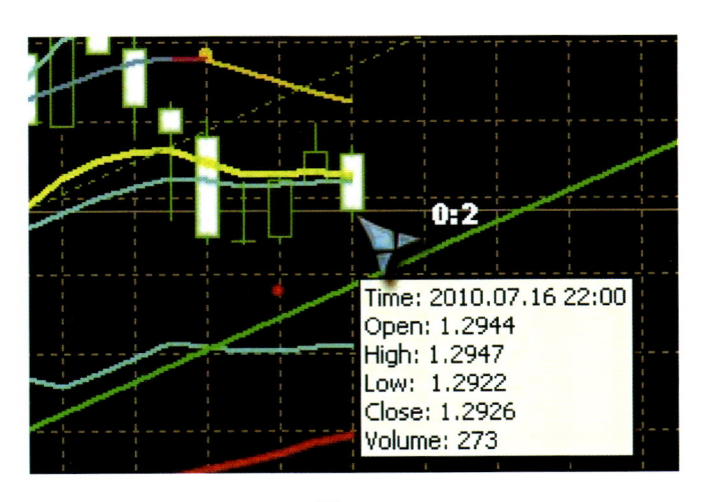

图0-5

(二)阳线(阳烛)、阴线(阴烛)、十字星、多空一致

K线的开盘价、收盘价组成的长方形,称为实体。收盘价＞开盘价(即收盘价在开盘价的上面)的实体(透明),即K线走完后汇价上升,称为阳线,或阳烛;收盘价＜开盘价的实体(白色),即K线走完后汇价下跌,称为阴线,或阴烛。特殊情况下,收盘价＝开盘价的K线同时有上、下影线,称

为十字星。十字星代表盘整或可能会进入盘整,高位的十字星且上影长于下影或低位的十字星且下影长于上影,代表趋势很可能会反转。

当做多时,K线(一般指进仓位的前一根,因为进仓位本身的K线正在走,尚未结束)是阳线,或做空时K线是阴线,称为多空一致;反之,则称多空不一致。十字星不能归入多空一致,也属于多空不一致,但若在评分制的交易法里按评分从严的原则,可计为多空不一致。多空一致对做单有利,不一致时则不利,因为很可能往反方向再走行情。

(三)影线、有利影线、不利影线、较长影线、特长影线

影线:K线可能出现的上、下射线,称为影线,按方位分别称为上影线、下影线。

有利影线:做多时,下影线为有利影线;做空时,上影线为有利影线。

不利影线:做多时,上影线为不利影线;做空时,下影线为不利影线。

较长影线:实体≥1格时,影线≥1格;或实体＜1格时,影线≥实体,且影线≥半格。

特长影线:实体≥2格时,影线≥2.5格;或实体＜2格时,影线≥2格。

高位空的长上影、低位多的长下影代表趋势很可能会反转。

记忆和理解: 由于影线代表单位时间内,汇价曾经到达过该处,只是后来回到收盘价的位置,因此,若K线出现下影线,表示汇价曾到达过更低的位置后来被撑到收盘价的较高位置,表明下方很可能存在支撑的力量,因此对做多有利,对做空不利;若K线出现上影线,表示汇价曾到达更高的位置后来被压回收盘价的较低位置,表明上方很可能存在阻挡的力量,因此对做空有利,对做多不利。

当同时有上、下影线时,可互相抵消后,看哪个方向的影线还有剩余,代表力量支撑或阻力的力量更大。例如,同时有上、下影线,但下影线更

长,则对做多比较有利,对做空比较不利。如图 0-6 所示,K 线同时有上、下影线,但下影线明显更长。

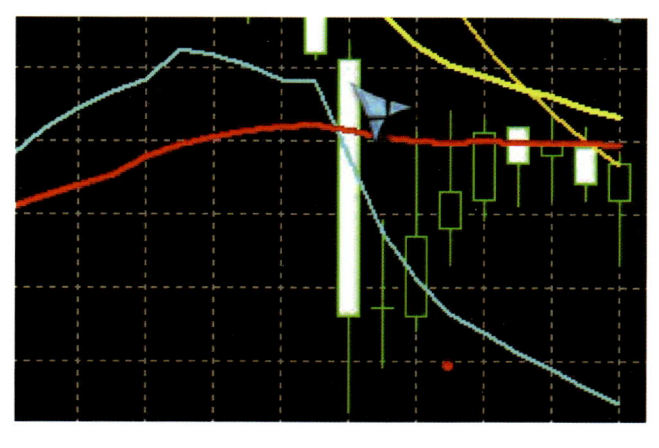

图 0-6

(四)大 K、特大 K

大 K:K 线长度(一般只算实体)≥3 格且<5 格,称为大 K。高位多、低位空时,若遇大 K 加不利影线,是明显的不利信息。

特大 K:K 线长度(一般只算实体)≥5 格,称为特大 K。特大 K 不论高、低位都对做单不利,因为会造成止损大,同时止盈没有空间。若是特大 K 加不利影线,一般非特优单不做。

(五)特殊 K 线形态

特殊 K 线形态包括双影线、双镊、吞噬、双影线的吞噬、流星锤子、双头双底、头肩。

双影线:连续 2 根 K 线在相同方向上都具有较长影线,同时反方向没有影线或影线相对很短。

双镊:两根 K 线的实体等长,且第二根 K 线的开盘价等于前一根 K 线的收盘价,同时收盘价等于前一根 K 线的开盘价。若第二根 K 线是阳线,称为多头双镊;若第二根 K 线是阴线,称为空头双镊。

吞噬:第二根 K 线是阳线且开盘价≤前一根 K 线的收盘价,同时收盘价＞前一根 K 线的开盘价,称为多头吞噬;或第二根 K 线是阴线且开盘价≥前一根 K 线的收盘价,同时收盘价＜前一根 K 线的开盘价,称为空头吞噬。

双影线的吞噬:满足是吞噬的前提下,且两根 K 线都有较长有利影线,同时都没有不利影线或不利影线很短。同样按方向分为带双较长下影的多头吞噬、带双较长上影的空头吞噬。如图 0－7 所示。

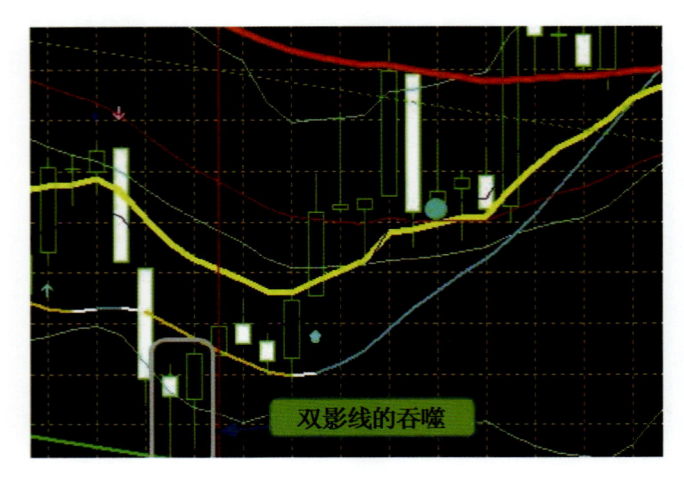

图 0－7

流星锤子:高位空时,K 线形成短实体(一般＜1 格)带长上影,影线≥实体的 2 倍,同时没有下影线或很短,称为流星;低位多时,K 线形成短实体带长下影,影线≥实体的 2 倍,同时没有上影线或很短,称为锤子。如图 0－8 所示。

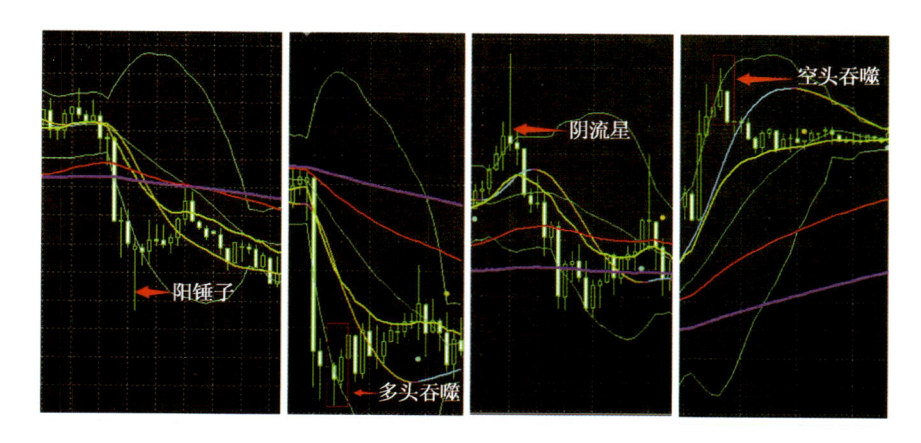

图 0－8

双头双底：汇价走多，走到一个偏离趋势线（红线）远（≥5 格）的高位回头跌破回调线（黄线），又折回走多，第二次走到与前高差不多相同的价位（同样离趋势线远），又回头形成多空一致或较长上影线，此时称前面的 K 线组合（两个高点价位相等或相差不大，中部一个低点）为双头；反之，则为双底，但都必须满足头或底离趋势线远，且中部过回调线的条件。趋势线和回调线在随后的均线指标部分再详细介绍。如图 0－9 所示。

图 0－9

头肩:当K线组合形成"中间高、两头低",如图0－10所示,称为头肩形态,高位头朝上称头肩顶,低位头朝下称头肩底。须注意:头肩顶的第二个肩须略低于第一个肩,头肩底的第二个肩须略高于第一个肩,才是典型的头肩形态。

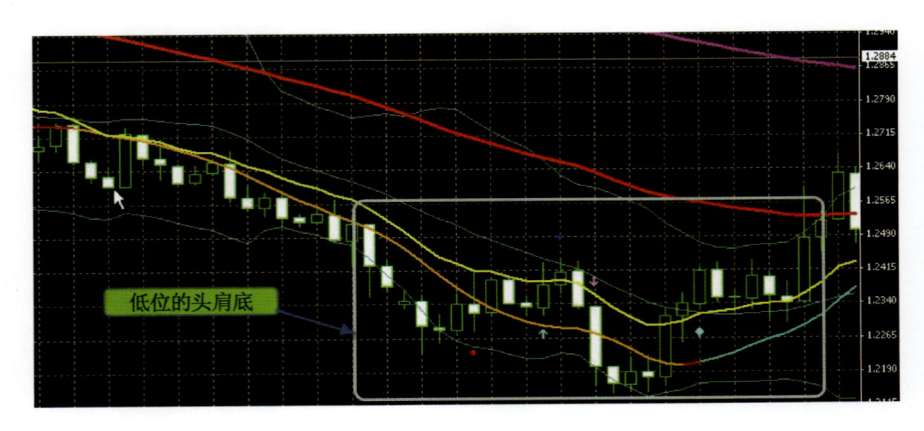

图0－10 头肩底

高位空的双影线(上影)、空头双镊、空头吞噬、双影线空头吞噬、阴流星、双头、头肩顶,低位多的双影线(下影)、多头双镊、多头吞噬、双影线多头吞噬、阳锤子、双底、头肩底,都代表趋势很可能会反转。

三、均线

(一)移动平均线

由当前最新的X根K线按既定规则计算出来的平均值形成的参考线,称为移动平均线;X称为均线的周期,在添加技术指标时可以指定。

移动平均线按不同计算类型,可分为简单型、指数型、加权型、平滑型。计算规则对交易员来说是透明的,无需关心如何计算,但须理解各种平均线的意义及应用。

菜单:"插入"→"技术指标"→"趋势指标"→"Moving Average",可插

绪　论　外汇介绍与交易基础

入移动平均线。调出对话框,如图0－11所示,移动平均类型的选择从上到下对应:简单型、指数型、平滑型、加权型。

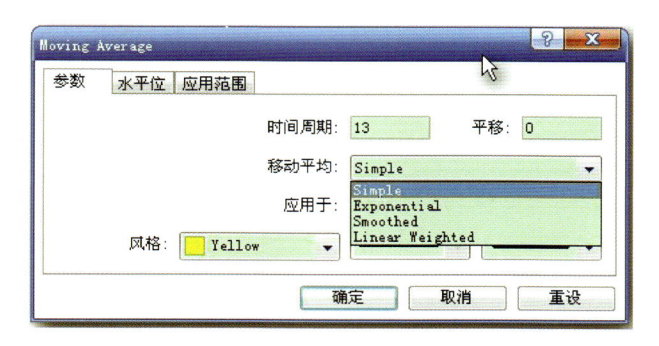

图0－11

常用均线有指数型的回调线(周期13,一般用黄线表示)、趋势线(周期60,一般用红线表示)、加权型的200日线(周期200,一般用水红线、止损线表示)。

移动平均线的共性:①代表一种阻力或支撑(周期越大,阻力或支撑的力量越大),对离得太远的K线有吸引效果,对离得太近的K线有排斥效果。其中,K线离均线近还可以分两种情况:K线已过均线(或称突破均线),则受到均线支持;K线未过均线,则受到均线压制;若同时均线是明显倾斜,则支持或压制的力量更大。②因为是由最新的K线计算而得,周期越小的均线相对周期大的均线更会紧跟着K线走,俗称走得更快。

(1)回调线(黄线)

周期13,指数型(添加指标时类型选择"Exponential",应用于收盘价"Close")。

称为回调线的意义表示,一般认为汇价往一个方向走行情时,如果K线回调时连黄线都突破不了,则说明只是回调,而非反转,则维持原方向的概率较高。

但如果已突破黄线或前面已有多次回调时碰黄线甚至假破黄线,则说明若再次回头碰黄线,则反转的概率增大。一般按"事不过三"原则,第三次或更多次接近黄线,则真破的概率一次比一次高。

(回调、假破、真破等概念,将在下文解释。)

(2)趋势线(红线)

周期60,选指数型,收盘价。

称为趋势线的意义表示,若K线真破趋势线后,一般代表短期内趋势的改变,一般接下去十几根到几十根K线会维持突破方向。

(3)200日线(水红线)

周期200,选加权型(LinearWeighted),收盘价。即代表最近的一根K线对未来走势的影响可能是最大的,所以计算时相应加强最近一根K线的比重。

200日线代表更大周期的趋势,若K线真破200日线后,一般几十根到上百根K线会维持突破方向,典型单边行情(也称"大走")时同方向可走200根K线以上。

但须注意,因为200日线的力量最大,所以一般前面往某方向走出行情后,第一次回头碰200日线,直接突破的成功率很低,一般须打三次(甚至更多次)才会成功。也是上述的"事不过三"原则。

(4)两线及本身之间的关系

俗称的"两线"是指趋势线和200日线。当两线都往同方向倾斜时,则会对汇价产生更大的推动作用(1+1>2)。两线平躺时或斜度不明显,就说明两线的方向不明朗,则K线很可能会在两者间上下震荡,难走单边。

依序:当两线同向倾斜且离K线近时,若趋势线离K线相对更近,则此时两线本身的位置关系称为"依序"。当 K 线的走向与两线倾斜方向一致时,称为依序支持;当 K 线的走向是反向靠近挑战两线时,称为依序压制。当两线依序时,产生的支持或压制的力量是巨大的。

以后称呼其他均线"依序"时,也都指离 K 线从近→远的多条均线正好排列成周期从小→大的顺序。

如图 0-12 所示,K 线走多时,遇到两线依序倾斜阻挡;竖线位置走空时,则受两线依序倾斜支持。

图 0-12

(5)距离的描述用词一般指代的含义

靠近、很近(或离得近受阻挡/支持):≤1 格;

较近:<2 格;

较远:≥3 格;

远(或很远):≥5 格;

非常远:≥7 格。

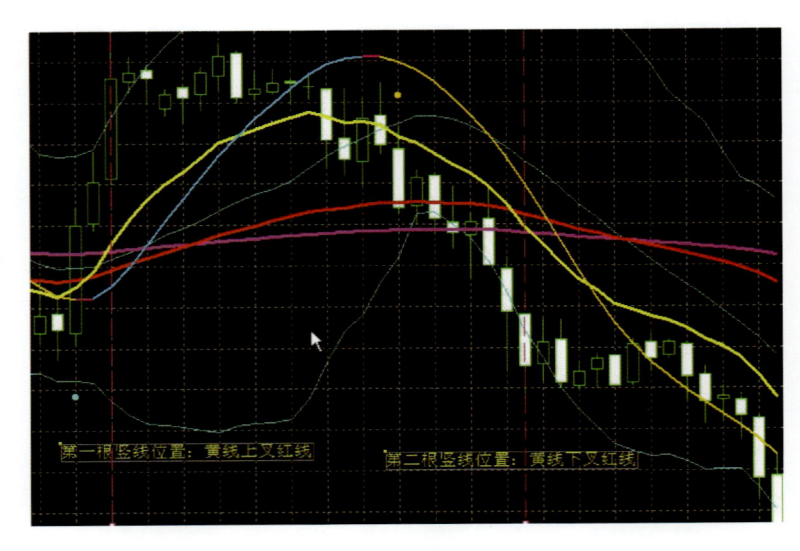

图 0—13

(二)均线交叉、交叉失败、正向交叉、劣质交叉、大幅震荡

(1)均线交叉。周期小的均线(以下简称小均线)走得更快,所以,当均线发生交叉时,可以理解为小均线主动要去交叉大均线。均线的周期越大,代表更大 K 线范围的趋势,所以具有更大的阻力和支撑;但当小均线成功交叉大均线时,相当于最新的小范围新走势突破了原大走势框架的束缚,则代表新趋势的确立。

(2)交叉失败。正因为交叉是小力量回头挑战大力量,所以可能发生假交叉的现象,有时线头碰到立即回头,形成空隙;有时已经交叉(看得出线头有小分叉)但下一根 K 线立即打回,小均线形成锐角或钝角靠在大均线上,称为交叉失败。交叉失败一般代表着扭转不了趋势,还会再走原趋势。

最容易发生交叉失败的情形是:以黄线、红线交叉为例,本趋势交叉时,趋势线几乎水平,K 线未过 200 日线,200 日线在反向倾斜压制,且中趋势的交叉方向和本趋势不一致。

（3）正向交叉。做多时,小均线上叉大均线;或做空时,小均线下叉大均线;则称均线已完成正向交叉。

（4）劣质交叉。交叉代表一种新趋势的确立,但有时汇价波动不大就反叉,则刚才的交叉称为劣质交叉。一般而言,如果交叉后,还有更大周期的均线未过且离得很近直接受其压制或离得较近带反向倾斜,发生劣质交叉的概率会大大增加。如图 0－14 所示。

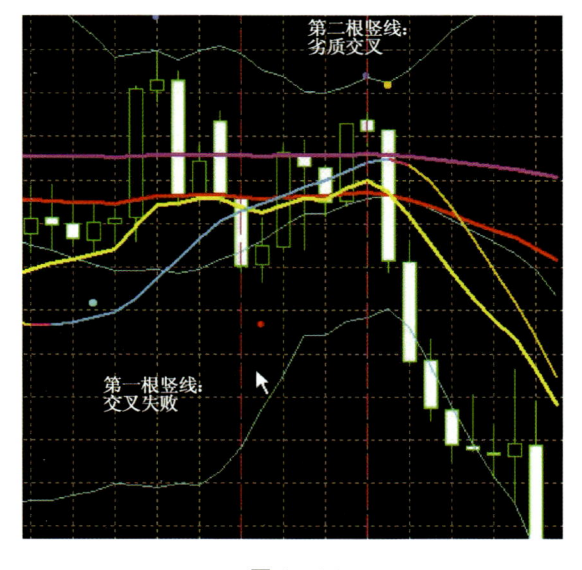

图 0－14

（5）大幅震荡。当两线在布林轨内几乎 180°平躺(三条水蓝线合称布林轨,分为上轨、中轨、下轨,"轨内"指介于上轨和下轨之间,详解见本节"四、布林轨")时,容易发生 K 线在趋势线上下大幅震荡(一般离开趋势线 4～5 格,上下几乎等幅),此时一般同时黄线和红线会反复上下交叉,每个交叉都走不出大行情,直到 K 线破轨才可能结束震荡。如图 0－15 所示。

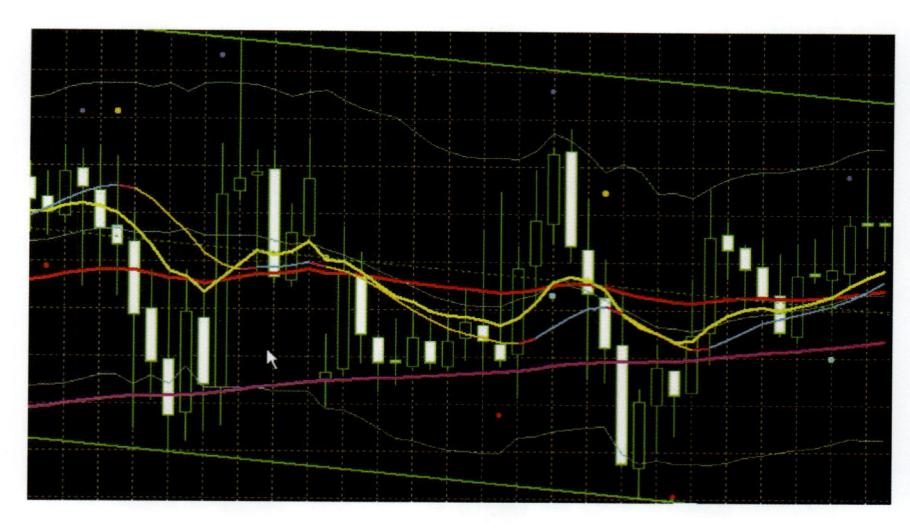

图 0—15

(三)平滑均线:G 线、MACD

平滑均线也属于移动平均线的范畴,但由于平滑的特殊性,每次方向的改变都发生在弧顶或弧底,使得只看一条均线就可以判断多或空的方向。

(1)G 线。蓝、黄交替变色的平滑均线称为 G 线,蓝色有利做多,黄色有利做空。过渡的梅红色(有的模板默认白色)称为中间色。G 线的中间色一般只持续 1 根 K 线,但有时也会持续 2 根甚至 3 根 K 线(一般是正在变色时遇到反方向的大 K 线)才变为另一种颜色,也有时中间色后又持续原色。

当阳线(或做多)遇蓝色 G 线或阴线(或做空)遇黄色 G 线,称 G 线同色,反之称 G 线异色;当 K 线跨 G 线处于中间色时,称 K 线跨 G 线变色。

若遇 K 线跨 G 线的同时 G 线正好变色,一般也可以近似看做 G 线已变同色,因为这种情况 G 线随后即变同色的概率很高。当 K 线跨 G 线时,G 线一半是中间色,另一半已经是新颜色,则称 K 线跨 G 线同色,这种情况随后 G 线维持新色的概率更高。

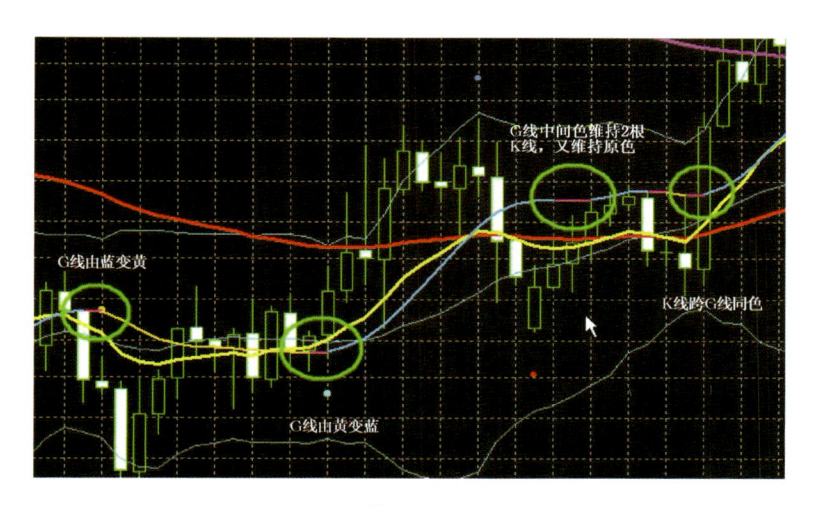

图 0—16

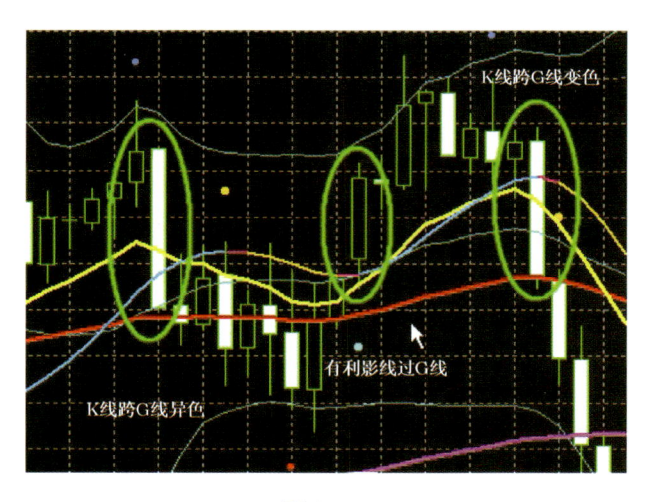

图 0—17

（2）MACD。如图 0—18 所示，Golden MACD 中，波浪式行进的平滑绿线称为 MACD 绿线，也称慢线；横向的虚线称为零轴，零轴上方蓝色、灰色和下方红色、灰色的竖线称为快线。

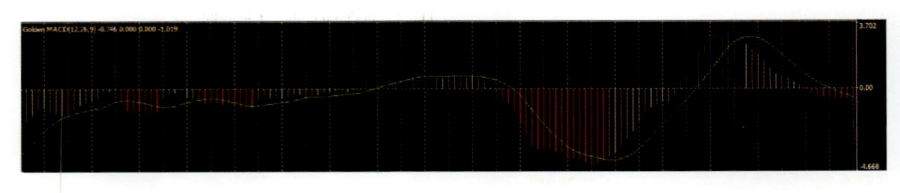

图 0－18

MACD 绿线上破零轴有利做多,下破零轴有利做空。MACD 绿线本身向上倾斜有利做多,向下倾斜有利做空。判断绿线方向时,先以绿线本身的倾斜方向为准,当绿线方向看不出倾斜方向时,可以用快线的颜色辅助判断——快线为蓝色,则可认为绿线方向向上;快线为红色,可认为绿线方向向下;快线为灰色,可认为与做单不一致,但也不违反。

四、布林轨

水蓝色三条不规则线称为布林轨,按位置关系分别称上轨、中轨、下轨。

(一)轨道形态

1. 平行轨、平行窄轨、平行宽轨

(1)平行轨:当上、下轨平行且几乎水平。

(2)平行窄轨:平行轨的一种,但须满足目测时轨道平行部分的长度至少≥宽度的 2 倍,或者至少经过≥15 根均匀盘整的 K 线。特殊的,有时轨道平行的部分不长,但如果进入平行轨之前的 K 线已在均匀盘整,也可纳入一并计算长度("盘整"在本节第六点解释);更特殊的,有时轨道不是很规则,但是大致处于水平,K 线长时间大致在轨道上、下范围内波动,只要盘整的时间≥30 根 K 线,也可以近似当作平行窄轨。

(3)平行宽轨:另一种平行轨,不能纳入平行窄轨的平行轨都可以计为平行宽轨。当轨道为平行宽轨时,接下去 K 线的汇价很可能会在轨道

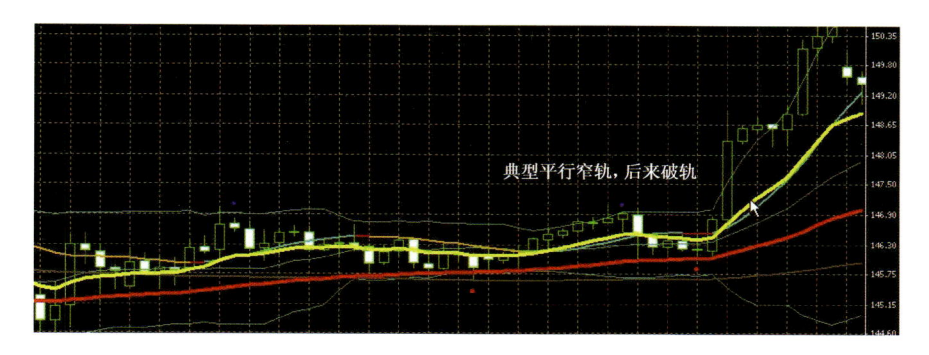

上下波动，一般短期内不会马上破轨。

图 0－19

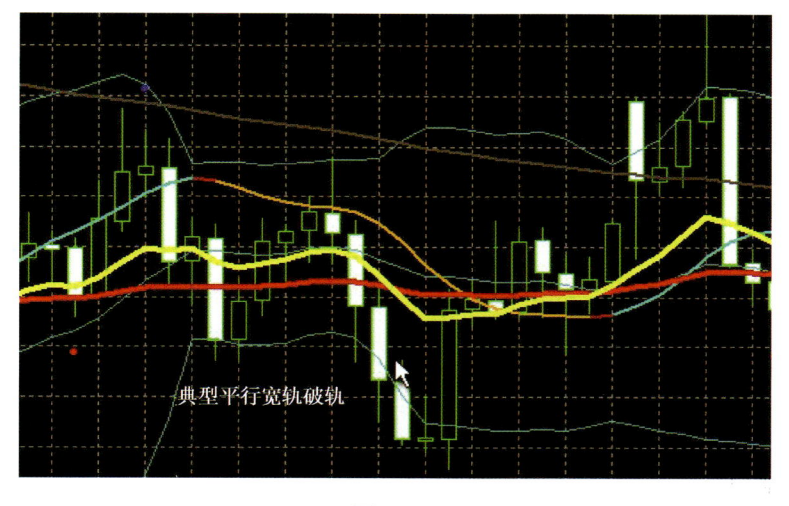

图 0－20

2. 尖轨、圆轨

高位空、低位多时，破轨时轨道形成小于 90°的锐角（另一侧可以是钝角），称为尖轨。有时破轨前后的两条边的延长线夹角同样小于 90°，但角度中间的部位形成圆弧形，称为圆轨。

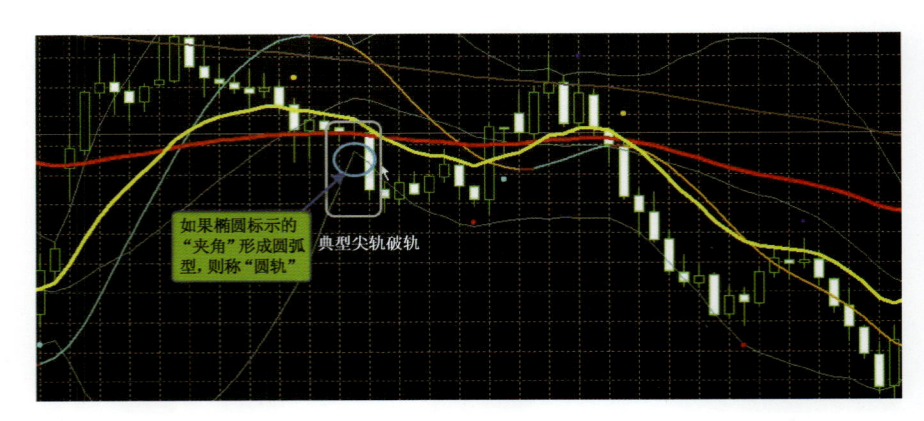

图 0-21

3. 斜轨(不规则轨、普通轨)

除平行轨、尖轨、圆轨之外,其他一般统称斜轨或不规则轨、普通轨。当汇价走到已经远离趋势线 5 格以上的高、低位时,如果再往同方向破斜轨,特别是高位加速上升破斜轨或低位加速下跌破斜轨,往往反而是短期的趋势走到尽头的标志,接下去若不是立即反转,一般就进入盘整。

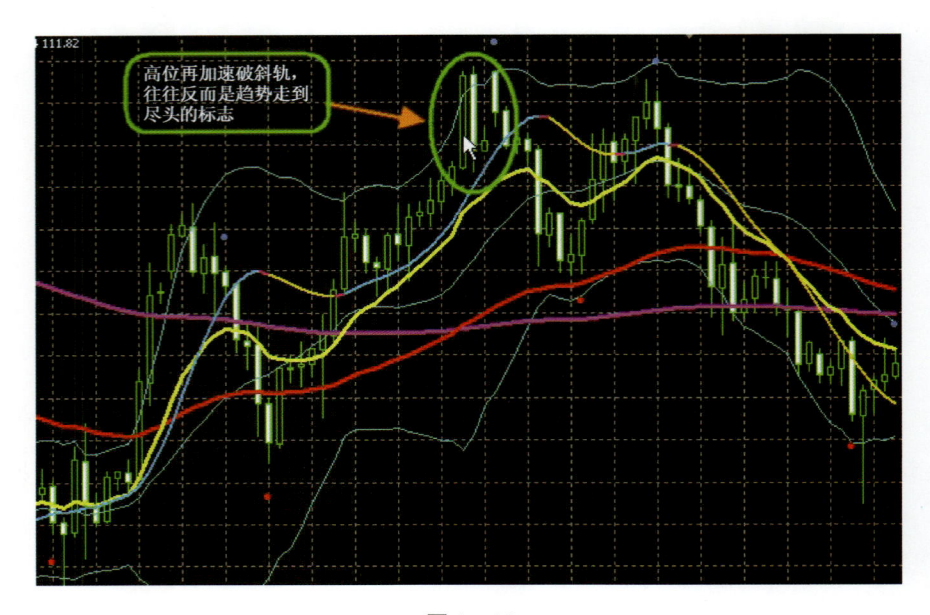

图 0-22

(二)破轨、未破轨

1. 破轨

当K线的收盘价停留在布林轨外时,称为破轨;否则未破轨。

2. 不同轨道形态破轨、未破轨的意义

(1)平行窄轨破轨:一般是比较严重或时间较长的盘整,布林轨才会形成平行窄轨;一旦破轨,就代表着平衡被打破,很可能要结束盘整,开始走单边行情。特别是高位空、低位多破平行窄轨,盈利概率很高;反之,高位多、低位空就不一定,经常会发生同方向假破后又立即回到轨内盘整,再反向突破。

对平行窄轨破轨的加强因素:平行窄轨越长、越窄,一般破轨后走的行情越大(破轨时束口更好)。

(2)喇叭轨破轨:平行窄轨破轨时的一种特殊形态,若在破轨前的几根K线轨道已经明显往外展开,类似"喇叭"形状,则称喇叭轨破轨。喇叭轨破坏了原先典型的平行窄轨,所以经常走不出行情。如图0-23所示。

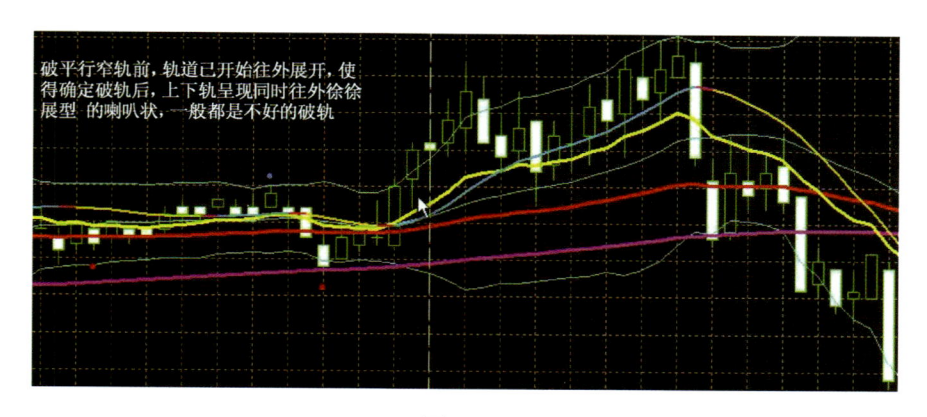

图 0-23

(3)平行窄轨未破轨:当轨道已经明显呈现平行窄轨的形态,若K线未破轨,则无论做多还是做空都不利,特别是当上、下轨之间点数很小的时候,更没有盈利空间,除非破轨才做。

(4)平行宽轨破轨:在平行窄轨形成初期,一般都可算为平行宽轨;上、下轨会同时平躺,则意味着很可能进入一段时间的盘整,若此时就出现破轨,反而是不利的,假破的概率更高。

(5)平行宽轨未破轨:因为接下去很可能要盘整,所以也对做单不利。除非上、下轨特别宽,且出信号后离对面的上轨(做多)或下轨(做空)仍有较大点数空间。

(6)尖轨、圆轨破轨:一般要同时满足高位空、低位多的条件,才是合格的尖轨、圆轨。且破轨时,破轨侧的尖角(或圆角)离另一侧的尖角之间的距离越近越好,一般≤3格为优秀,＞5格就不能当有利。

(三)假破、毛刺、真破

1. 假破、毛刺

一般发生K线在平行窄轨内盘整时,若K线破轨(收盘价保持在轨外)后,没有连续3根K线的收盘价都保持在轨外,而是立即回到轨内继续盘整,则称为假破;若K线收盘价未出轨外,但有较长影线伸出轨外,则称为毛刺。

假破和毛刺的意义:表示暂时K线无法突破平行窄轨的界定,所以,如果某次破轨时,往回数10根K线之内刚有反向假破,对本次突破来说是有利;反之,若刚有同向假破,对本次突破来说是不利因素。同理,毛刺也类似,但毛刺的有利或不利的影响力比假破小。

2. 真破

若K线破轨(或破均线)后连续3根K线(含突破的K线)的收盘价保持在轨外(或均线的新方向),则称为真破。真破一般代表着平衡被打破或趋势开始改变。

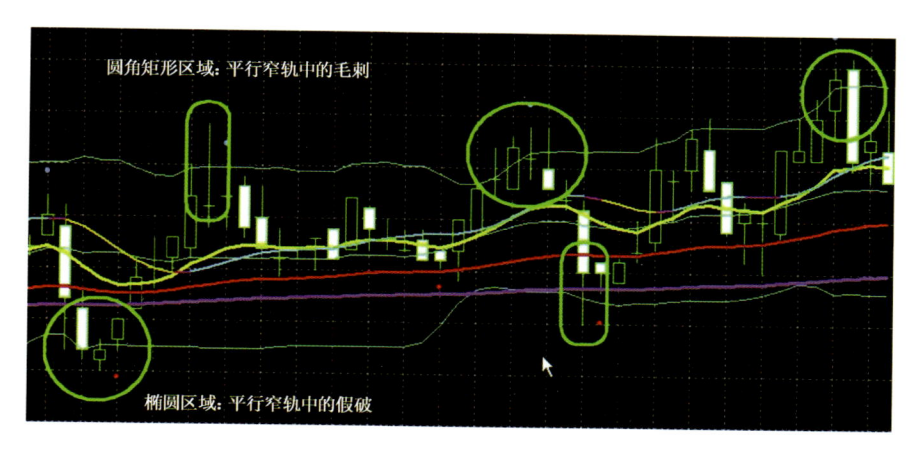

图 0—24

五、通道

指标 SHI_Channel_true 是由近期的几个最高点和最低点形成的平行通道。通道的倾斜方向代表着当前大体趋势方向。当 K 线破同向倾斜的通道时,可能使通道被拓宽;当 K 线破反向倾斜的通道又创新高或新低时,可能因此改变通道的倾斜方向(即通道会按新的高低点重新生成)。

通道根据汇价的波动特性,预估趋势行进时的价格波动范围,因此也代表一种阻力或支撑。特别是当两线和通道的倾斜方向一致且一起靠近阻挡或支持时,成功概率更大。例如,前面趋势走空时,通道向下倾斜,后来 K 线回头,在碰到或接近上通道时,同时遇到两线靠近阻挡,则 K 线继续走空的概率非常大。

六、趋势四条件,中趋势一致、偏离、回调、盘整、均匀盘整

(一)趋势四条件

趋势四条件指黄线和趋势线的交叉方向(有时也简称为交叉方向、趋

势线方向)、MACD 破零轴方向、G 线颜色、MACD 绿线方向。前两个为主要条件,后两个为次要条件。

对做多有利:黄线上叉趋势线;MACD 上破零轴;G 线蓝色;MACD 绿线向上倾斜。

对做空有利:黄线下叉趋势线;MACD 下破零轴;G 线黄色;MACD 绿线向下倾斜。当四条件方向相同时,特别是两主条件(交叉和破零轴)同一时刻完成更好,一般预示着趋势会更稳,短期内不会立即逆转。

转变顺序:逆转趋势时,四条件都是从次要条件先转变,再转变主要条件;MACD 破零轴一般最慢,不绝对,也有时比交叉快,两主条件若在同一根 K 线完成,一般较好。

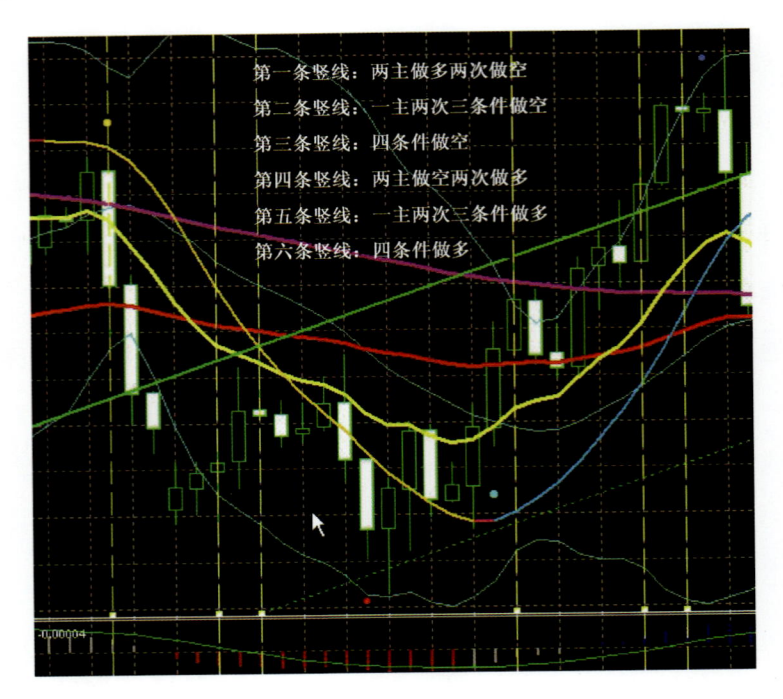

图 0—25

(二)中趋势一致

当中趋势两主条件或一主两次三条件与本趋势做单方向一致时,称为中趋势一致,否则称为不一致。当四条件一致且快线颜色也一致(做多蓝色,做空红色)时,称为中趋势四条件完全一致。

与中趋势一致的单更安全,特别是中趋势一致同时 K 线离 G 线近或离趋势线较近时。有时,中趋势虽然一致,但已经是一致较久,特别是已偏离趋势线 5 格或交叉后已≥3 次偏离趋势线,也对做单不利。

(三)偏离、回调

一种趋势大致确立后(如刚交叉),一般 K 线就会往交叉的方向走行情,走的过程慢慢远离趋势线,称为偏离;中途可能一次或多次反向走回一定的点数,碰到 G 线、黄线、趋势线或 200 日线后,又往同向走,这种中途往回走的现象,称为回调;再次往原方向走,又是一次偏离。

偏离、回调的有效次数:一般从交叉后算起,可用 K 线回头碰黄线为标准计算次数,即 K 线走出明显离开黄线的位置后,又回头碰到或假破黄线(有时甚至碰趋势线或假破趋势线后,往原方向破黄线再走),每次可计为一次有效回调。计算偏离趋势线的次数可依据回调的次数,如中途已有 2 次有效回调,则此刻位置就处于第 3 次偏离之中。

首次回调:交叉后,第一次回调再走原方向的概率很高,特别是回调到被 G 线、黄线共同挡住的位置,又形成原方向的多空一致或较长有利影线(抵消后)。如果此时中趋势四条件一致,则是优秀的补单时机(补单指若前面误过,此时可补进,甚至已有单也可再进)。

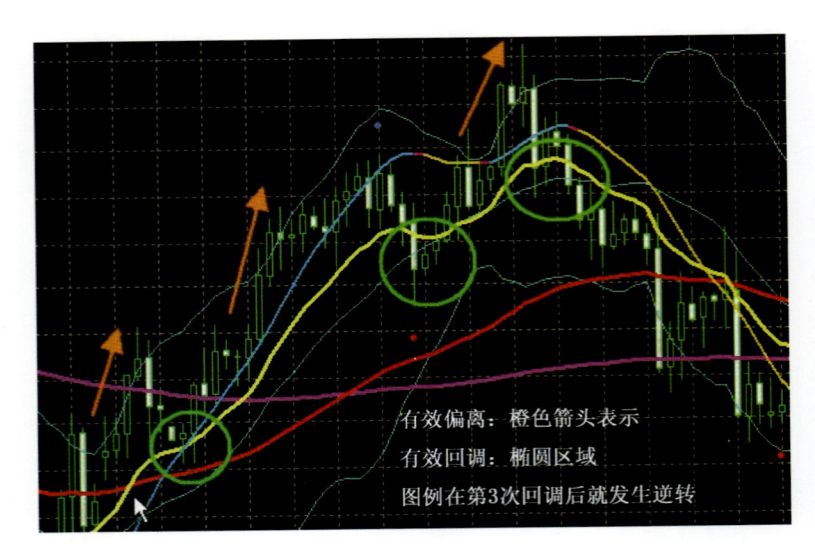

图 0-26

（四）盘整、均匀盘整

盘整：当汇价在一个较小范围上下波动的时候（表现为 K 线大致横向行进），称为盘整。

严重盘整的判别：布林轨形成平行窄轨未破轨，或 G 线频繁变色，或黄线和红线频繁交叉。

均匀盘整：当 K 线形成阴阳交错且 K 线（含影线）的大小相差不大时，称为均匀盘整。均匀盘整不一定发生在平行窄轨内，只要后来某一根 K 线的收盘价突破均匀盘整时的高或低价位，一般往突破的方向走行情的概率就很高，特别同时有高位空、低位多的优势支持时。

有时，K 线虽没有大小相等，但若较长时间内在大致平行的布林轨的上、下轨之间一上一下规律波动时，也是另一种均匀盘整，一般轨道会越来越形成典型的平行窄轨。

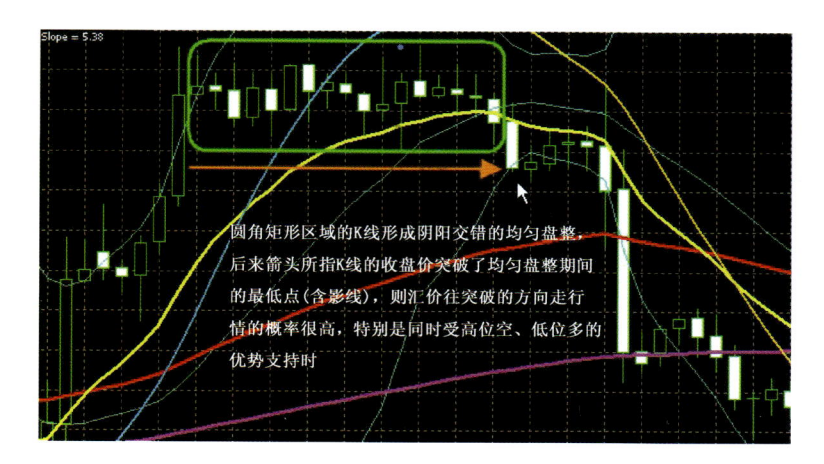

图 0—27

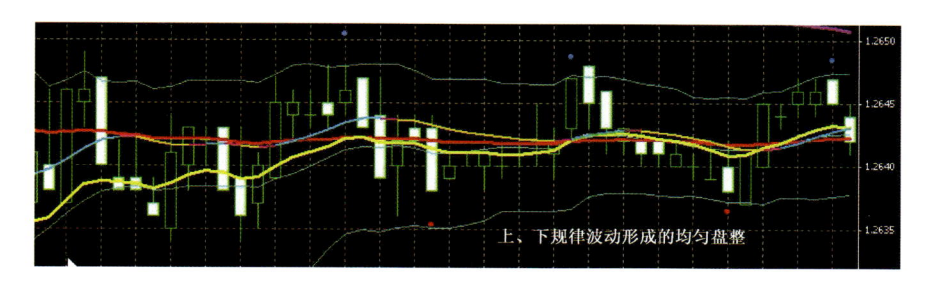

图 0—28

盘整的意义：汇价波动规律就是"久走必盘,久盘必走",盘整是大走后"休息"时的一种平衡,盘整越久(均匀盘整的效果比普通盘整好,所以,若是明显均匀盘整,对 K 线的数目可以放宽),意味着当平衡被打破时,走的行情越大。所以,当明显处于盘整时,无论多空都是比较不利的,一般等突破(如破轨)时才做单。

第四节 看盘软件 MT4 简介

一、MT4[①]

(一)模拟账户、连接状态、服务器选择

MT4 软件下载:http://www.fmoservices.cn/index.php/Home/Page/page/aid/8.html

(1)开模拟账户

菜单:"文件"→"开新模拟账户",按每一栏要求的字符个数任意填写内容,勾选"我同意…"才能激活"下一步"按钮,接着连续两次"下一步"即完成。完成后,系统会按刚注册的模拟账户自动登录。如图 0—29 所示。

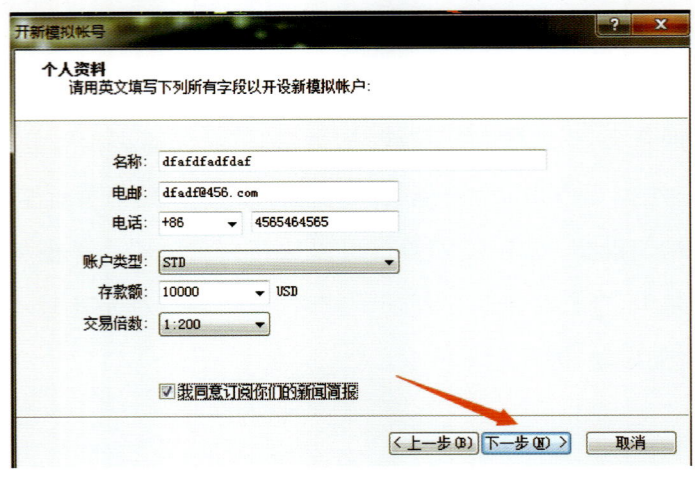

图 0—29

[①] 注:富曼欧与北京时间的时差,冬天 6 小时,夏天 5 小时,不同平台差异不同。

绪 论 外汇介绍与交易基础

（2）连接状态、服务器选择

有时汇价一直不动，可检查一下看盘软件右下角的"连接状态"是否正常，如图0－30"/"左、右的数值都＞0才是正常的。若是0或者显示"连接错误""一般错误""无效账号"等，先检查电脑是否断网；若网络正常，则可能是没登录或是模拟账户过期，重新按第（1）点所述立即注册一个新的模拟账户即可。如图0－30、图0－31所示。

图0－30

图0－31

服务器选择：单击"连接状态"，可在弹出的菜单中选择不同的服务器。一般若网络正常，但连接状态所显示的数值很低，可尝试切换不同的服务器。如图0－32所示。

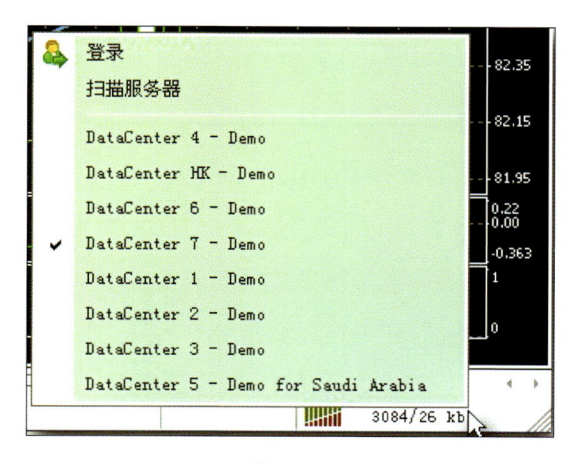

图0－32

（二）窗口介绍

窗口介绍可参见图0－33。

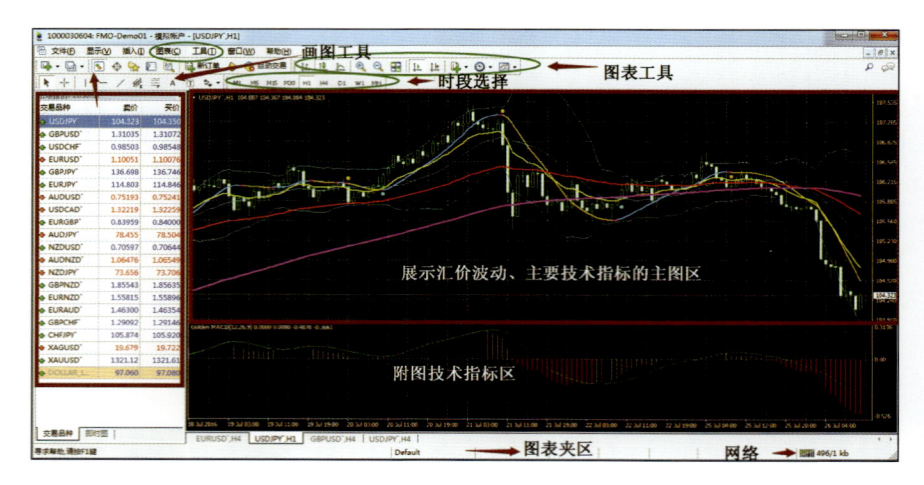

图0—33

（三）自定义技术指标、技术指标列表、保存模板、加载模板

在"市场报价"窗口选中某一货币对，右击选"图表窗口"，则会打开一个全新的货币图表，但是只有K线，没有其他任何指标。此时可以自己插入各种指标，再保存成模板，后来打开的新货币对图表，只要选择菜单"图表"→"模板"→"保存的模板名称"即可。

目前所用指标添加方法如下：

（1）黄线、红线、200日线：菜单"插入"→"技术指标"→"趋势指标"→"Moving Average"，根据第三节均线内容选择。

（2）布林轨：菜单"插入"→"技术指标"→"趋势指标"→"Bollinger Bands"。

（3）Golden 黄蓝点、G线、通道、红蓝点、剩余时间：菜单"插入"→"技术指标"→"自定义"→"Golden Finger""Golden Tendency StringV2""SHI_Channel_true""SHI_Silver TrendSig""剩余时间"。

（4）附图 Golden MACD、附图 Golden Varitey：菜单"插入"→"技术指标"→"自定义"→"Golden MACD""Golden Varitey"。

保存模板：菜单"图表"→"模板"→"保存模板"，任取名字即可。

加载模板：菜单"图表"→"模板"→"加载模板"，如果是从网络下载或其他地方得到的新模板文件(.tpl文件)，须先将.tpl文件拷贝到 MT4 软件安装目录下的"templates"文件夹，再执行上述菜单操作。

管理已添加的指标：主图空白位置右击选"技术指标列表"，弹出如图 0－34 窗口，可查看、编辑、删除已添加的指标。

图 0－34

(四)画线、文字、图片保存、图表夹保存

(1)画线：选工具栏的"│"，可在任意 K 线位置画竖线，用来切换参考不同趋势时清楚当前的定位。选"—"可画横线，一般可用来表示在图表中标识进仓位、止损位、止盈位等。选"＋"或点击一次鼠标中键，再按住左键不放，从某个位置拖动到另一个位置，则会按"K 线数目/起点到终点的点数/鼠标终点的汇价"的格式显示 3 个数值。如图 0－35 所示。

图 0-35

(2)文字：选"A"可在主图上写备注，该信息与图像的位置是固定的。若选"T"写备注，则拖动图表时，该信息不随图像移动，相当于浮在图像上方，它相对窗口是静止的。

(3)图片保存：主图空白区右击选"保存成图片"→一般选中间的选项"当前图表"。保存图片是事后分析提高的好方法。特别是在保存图片前，最好把做单时的判断依据和想法用文字写在上面。

(4)图表夹保存：除了菜单"工具"→"选项"→"图表"→"保存关闭的图表以便再次打开"，可以保存已经打开的货币对图表，下次再打开软件时，会自动打开上次已打开的货币对图表。但若多人同时同一台电脑，会把自己习惯打开的图表打乱，可在菜单"文件"→"图表夹"→"另存为"(或单击左下角，在弹出的菜单中选择)，把已经开好的图表保存成一个图表夹，便于下次快速打开。

第一章

对于加倍方法的处理办法

第一节 引 言

为什么要介入原有加倍方法的处理？

一般来说，处理主要是对加倍方法进行的人为主观干预，由于加倍客观方法在品种不够活跃、不适用期（需要趋势的方法怕行情震荡，需要震荡的方法怕单边趋势）有一定几率陷入被动局面，如果有效地进行适当的干预，能让加倍方法更加稳定高效，以避免对资金造成一定的波动，保持资金更加良好地运行。

第二节 关键点降倍处理

关键点：一般来说，在大时段盘整到高低位，或是有效趋势形成的 V 字形的上下凹口，或是长影线的高低点，或是均线（如 60 日，200 日，布林轨），都可能是关键点，根据 K 线形态，分析出有效的关键点。

当加倍单遇到关键点阻力时，可以采取提前挂单降倍，以免受关键点阻挡。如图 1-1 所示。

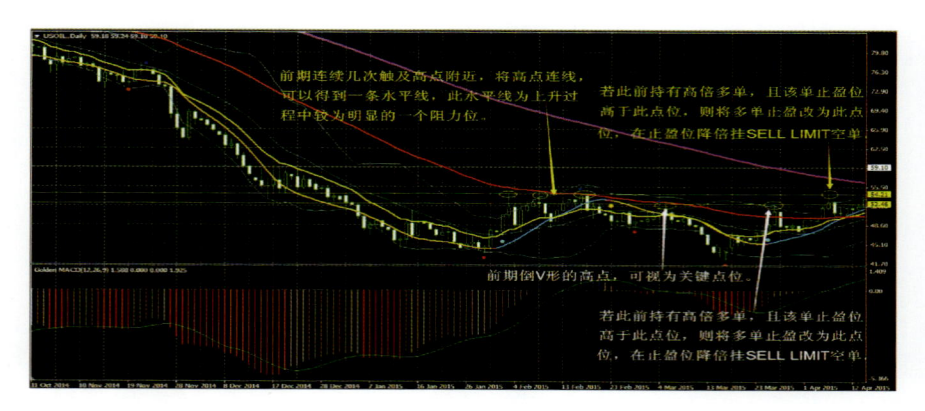

图 1—1

注：加倍法的首单为 A 单，第一次加倍单为 B，依次类推。

处理流程：判断关键点位，将高倍单止盈改到关键点位，再挂一单降倍反单，如 D 单则降为 C，然后再挂 C 单的破位反单，一般是恢复原单，就是恢复原先的 D 单，依次类推。

> **举例**
>
> 黄金某方法的单，加到 C 单，多单，止损为 1200，止盈为 1220。
>
> 假设 1210 为关键点，则将 C 单的止盈改为 1210，并在 1210 挂 sell limit B 倍量的空单，B 单止损可以为下一个关键点或一定的点数，假设 B 单止损为 1215，B 单止盈设为整轮保本或小盈。当 B 单生效时，在 1215 挂一单 C 单原单，止损和原 C 单一样，止盈需一定扩大至整轮保本或小盈。若处理的 B 单止损，则 C 单生效，再按普通破位法挂 D，注意 D 单止盈要保证整轮盈利或保本。

在行情转折关键点，也可以采取反转、减仓反向等操作，参考后面几节来操作。

第三节　拆单介绍

当遇反转形态或较强的明显阻力点后，如果自己也没有完全的把握，可以考虑拆单处理。

将原先的高倍单，拆成两单，一单正向，一单反向（也就是处理掉一定的单量，虽然没有把握，但可以降低风险）。参考图1-2进行理解。

正向单和原单止盈止损一样，正向单单量为原单的一半。

反向单与正向单形成循环，即止盈等于原单止损，止损等于原单止盈，注意考虑点差，单量为拆单正向单的一半，反向单再挂一单破位反单。

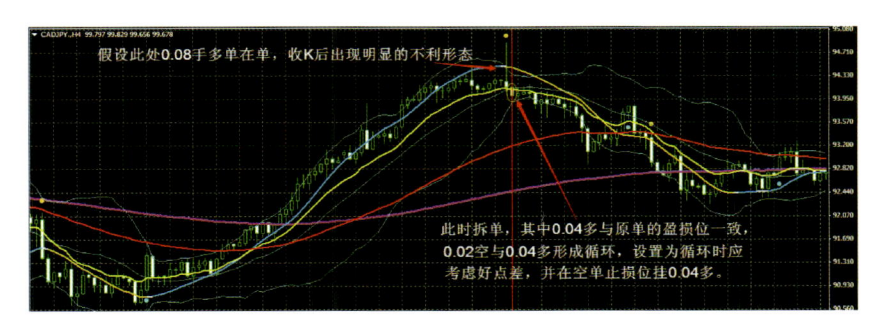

图1-2

举例

黄金某方法，加到D单，多单，止损为1800，止盈为1850。

此时想进行拆单处理，则将D单拆为一单拆C（单量为C单的量），止损止盈不变。再做一单拆B（单量为B单的量），止盈为1800，止损为1850。原E单不取消，再挂B单的反单（C拆），注意C拆的止盈要保证整轮盈利或保本。

第四节 降倍处理

当遇反转形态(如 K 线反转)或阻力时,如果很有把握,可以考虑降倍处理。

请参考图 1—3 理解。

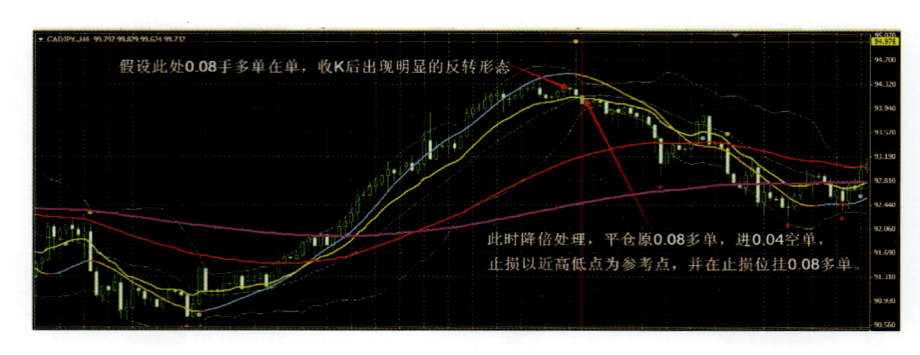

图 1—3

降倍处理时,可以将原先的高倍单平仓,降为前一倍的单量,如 D 降为 C,E 降为 D。降倍后再挂反向破位单,止盈止损等于降倍前那单,相当于恢复原单。例如,将 D 单降为 C 单,若 C 单止损,则恢复原先的 D 单,注意这时 D 单的止盈需要一定扩大,才能使整轮保本。

> **举例**
>
> 黄金某方法,加到 D 单,多单,止损为 1000,止盈为 1020。
>
> 当遇反转形态或阻力时,将 D 单降为 C,C 单止损为近高低点作为参考点,止盈要考虑整轮保本或小盈。然后挂破位 D 单,D 单止损恢复原单止损,止盈要设到整轮保本或小盈。

成功的降倍处理，能够有效地化解加倍单在特殊时期带来的风险，但需要交易者有一定的行情分析能力。

第五节　循环处理

处理时机：当同一品种，有 2 轮（其中 1 轮高倍）在单，或多轮（2 轮以上）在单时，可以采取循环法处理，降低账户同时多轮止损出现的风险，化解风险集中的行情。

情形举例

情形 1：如 2 轮在单，而且为同方向，则平仓单量较小的那轮，转为和高倍那轮反方向，手数转为和高倍单一样的加倍单，转向后的止损转为和原未动的那轮高倍单形成循环。2 轮盈损形成循环，使其 2 轮必出一轮，将小倍单的止损，改到高倍单止盈位，注意多空，如加倍单为空，注意加点差（空单更早止损，所以再加点差），加倍单止盈一般可以在高倍止损前，如不能，则改小加倍单止盈。各单止损后，就再正常破位。

情形 2：如 2 轮在单，而且为反方向，则改动小倍单的止损，改到高倍单止盈位，注意多空，如小倍单为空，注意加点差（空单更早止损，所以再加点差），小倍单止盈一般可以在高倍止损前，如不能，则改小小倍单止盈。各单止损后，就再正常破位。

情形 3：如多轮在单，则选取一些小倍单，将同品种多空在单手数，转为基本一致。例如有 0.16 多黄金，0.08 多黄金，0.32 多黄金，可以将

> 0.16和0.08的单转向同倍空单,和0.32的多单黄金对冲循环。将小倍单(空)的止损,改到高倍单止盈位,注意多空,如小倍单为空,注意加点差(空单更早止损,所以再加点差),小倍单止盈一般可以在高倍止损前,如不能,则改小小倍单(空)止盈。各单止损后,就再正常破位。

循环的一些用法和注意事项如下:

1. 优先用小倍单的止损与大倍单的止盈进行循环。

2. 有新的大倍单止盈或产生时,应尽量重新考虑对账户更有利的循环关系。

3. 当止盈过大、明显很难实现时,应结合关键点位,将止盈设置在关键点位之前,并在止盈位挂反方向的限价单以补回该轮亏损。限价单生效后,止损设置在下一个关键点位或与其他单进行循环。

注:止盈过大的订单均是卡单较久加倍次数过多,关键点位应按不少于1H级别进行判断,可以是上下相接关键点,可以是波峰或者波谷,可以是前期被突破的"支撑转阻力、阻力转支撑"位,尽量不用均线、通道线。关键点位之前,是指关键点位前10个点以内,在单空单挂单多单时应考虑点差。

4. 有时一波大行情后造成同方向的高倍单过多,应该根据关键点位设置梯级止损,设置时不是全部对止损进行扩大,可以缩小止损设置。

5. 设置循环时,一般只设置单向循环,只有在止盈止损都不大,或扩大止损点数不多的情况下,才进行双向循环。单向循环要建立在多条订单之间相互循环的基础之上,即第一单的止盈和第二单的止损形成循环,而第一单的止损可以是和第三单的止盈形成循环(双向循环是指两条订单之间保证一单止盈后另一单才可以止损,单向循环是指一个方向保证先止盈后止损而另一个方向没有)。

注:这一点在操作上有一个大原则,当有多个大倍单在单时,有大倍单止损之前必定要有别的订单止盈。在实现这一点上,往往要结合好关键点位设置止盈并限价挂单等方法。

6.原则上不允许出现止损大于上千点的单,应该采取根据行情反向处理或缩小止损提前反向的策略。

第六节　梯级止损

当一个交易账号同品种交易了很多单的破法后,自然加倍加到高倍后,容易产生多个单同一止损位,此时介入梯级止损,有助于分散风险。

若同一个账号、同一个品种、同一个方向有多个方法的破位单,止损都在相同接近的价位,当行情反向时,容易对账号造成较大风险。所以人为介入,将止损分散开来,避免同时止损。

图 1—4

以图1—4原油设置的阶梯止损为例,也就是将多条相同止损位的单子的止损按照不同的支撑/阻力位错开设置。设置阶梯止损的前提是行情往大手数的方向运行。此时比较明显的支撑/阻力位就是下跌行情中每一浪的波峰,或是上涨行情中每一浪的波谷。

梯级止损的优点是,如遇反转,可以提前止损掉大损的单,减少损失。如全集中在一个点位,风险过度集中,而且隔的时间太久,之前的关键点也容易失去效力。

分散止损后,原先大止损的单,在改过止损点后,就有可能比原先客观方法提前出单,又不会给账号造成过大的风险。

第二章

BR与LBR交易法

第一节 BR 交易法

一、指标

普通的红黄交叉指标即可。

二、进单方式

1. 首单

两线非依序时,在 K 线出现相对高低位/绝对高低位时,出现半格有利影线时(有利影线的计算要上下影线对氐后),即遇到上影线做空,遇到下影线做多。如图 2－1 所示。

图 2－1 黄金 1H 201604140300(后面的数字代表日期和时间)

两线依序时,根据小2线支撑的半格有利影线进单。

依序与逆序的单应形成循环。如图2—2所示。

图2—2 美日 5M 201607071535

2. 止盈、止损

止损按有利影线的高/低点,做多减10点,做空加10点加点差。

止盈:20点。

3. 后续加倍

参考破位法加倍(上册和本书最后一章有介绍),封D单(8倍)

D单生效后,强制处理。即在D单的止损位挂拆D1(同D单手数)和拆C2(同C单手数),D1和D反向,C2和D同向,也就是说D1是STOP挂单,C2是LIMIT挂单,挂单时应注意考虑点差。D1的止损参考点为该轮首单进仓后走过的最远点,止盈设置成实际止损的1倍。C2的止损与D1的止盈形成循环,止盈与D2的止损形成循环。若D1止盈C2生效,则挂D2,D2的止盈设置为整轮盈利。若C2止盈、D1止损,则取消D2挂单,整轮结单。

同方向最多并行3轮。

循环：循环是为了保证2轮中必出一轮，所以必定要去改动其中一轮的止损位到另一轮的止盈位，保证2轮一起出，一般改大止损的，是低倍那轮，不改高倍那轮，这样风险较小。

如第一轮和第二轮是不同方向的单，则改动小倍那轮单止损到大倍那轮单的止盈位。止盈位不用动。

如第一轮和第二轮是同方向的单，则改动小倍那轮的反单（A单的反单就是B单，B单的反单就是C单，依次类推）的止损到大倍的止盈位。

如第一轮和第二轮是同倍又是同向单，则等生效后，看哪个倍数小，再改动倍数小的那轮的止损。

第二节　LBR 交易法

一、指标

使用普通的红黄交叉指标即可。

二、进单方式

1. 首单

两线非依序时，在K线出现相对高低位/绝对高低位时，出现半格有利影线时（有利影线的计算要上下影线对抵后），即遇到上影线做空，遇到下影线做多。两线依序时，根据小2线或红线支持的方向进单。

首单同时进3单，第一单的止损参考点为有利影线或近高低点，做多减10点，做空加10点加点差。第二单的止损和第一单的B单止盈形成循环,第三单的止损和第二单的 B 单止盈形成循环。首单做单与挂 B 单。首单的止盈全部为 20 点。

2. 高倍单

一定要注意反向在单的循环以及同向在单的反单循环。

3. 使用 1244 加倍法

此处理法完全杜绝 D 单,C 单生效后,在 C 单的止损位挂 C2,C2 生效后,在 C2 的止损位挂 C3,依次类推,C2、C3、C4、C5……都是按 C 单的手数,止损不考虑循环时按正常破位,止盈按整轮盈利进行设置。

但使用 1244 加倍法时,C2 生效以后,一定要注意对后续单的处理。

部分拆单反向加倍处理法:

D 单生效以后,根据行情部分平仓 0.01,反手进 0.02,0.02 的止损为近高低点,止盈补回 A＋B＋C 单整体亏损的 1/7＋部分平仓出去的点数。处理后的 0.02 后续单止损参考点按处理后走过的远点,止盈按补回 A＋B＋C 单整体亏损的 1/7＋部分平仓出去的点数＋处理过程中处理单的加倍单止损的点数,且加到 0.04 时应开始注意考虑循环。即便处理的单还未出结果,根据行情的需要,可以继续部分平仓高倍单进行反向加倍,此时应考虑和上一次处理的部分单形成循环。如果行情不断朝 D 单反向走,D 单会被越处理越小。

平仓降倍处理:

对比较有把握的行情,比较明确的行情,可以在浮盈或者小亏时平仓做反手降倍处理。

注意点:

本方法重在区分反转、盘整和单边趋势。在反转趋势中,按左侧交易法连下同向 3 单;在盘整趋势中,同时下正反各 3 单共 6 单;在单边趋势中,按右侧交易法连下同向 3 单。

每天寻找机会尽量下 10 单以上。在单原则上不能超过 10 单,最多不超过 11 单。

不允许出现超过 D 单的交易,更不允许出现同方向两个 D 单,在止损设置时,必须原 D 单止盈后 C 单才能止损。

到达 D 单后,可以根据市场方向决定进行部分平仓处理,即 0.08D 单。平仓其中的 0.01,反向加倍做 0.02。

本方法关键在于 24 小时全天跟踪,及时处理调整止损止盈,不要同时产生高倍。

行情明显走出趋势后,特别是账户内大倍方向与趋势方向相反时,应多做趋势方向的单,以减少亏损,增加盈利。

本方法单数较多,注意使用本书第一章第二节的循环处理法进行处理,降低交易风险。

第三章

双挂单交易系统

第一节　引　言

当我们使用一个交易方法时,而且是客观方法时,总会受到行情的影响。例如单边的方法,在行情震荡时,必定会有一定的亏损;在趋势明显时,必定会大幅盈利。反之,需要震荡的方法,在行情走势很强势时,必定会很不利,在盘整震荡时,必定有优势。为了使交易账号更加稳定,我们需要在一个交易账号时,三三布阵几套方法,使之相辅相成,达到稳定盈利的目的。本章我们就介绍一套互补的方法,让大家初见布阵的模型,感受一下原理。

第二节　双挂单交易法

1. 在任何一个位置进场,正反两单,止损暂不设置(下文都以首单最低量 0.01 为举例,包括本章的第三、四、五节,交易者可以根据自己的资金等比放大)。

2. 交易品种:活跃度低的(可参考 MT4 自带的 ATR 指标)走势正相关的外汇交叉盘或大周期严重盘整的品种,这些品种不易走出趋势和单边。

3. 同时向上和向下隔固定点数 a 挂递增单(limit),即进首单后,挂 0.02、0.03、0.04、0.05 到 0.1 为止,即同方向最多进 0.55 手,首单止盈均为固定点数 b，加倍单的止盈在首单止盈点数的基础上加固定点数 c 进行递增设置；如果止盈出单，总体亏损，再补挂，总体盈利达到首单的盈利点数则全平。

4. 不同品种的固定点数取值不同。

2016 年，以下品种，根据 ATR 指标，选取以下策略进行：

欧澳上下间隔 200 点挂单，首单止盈取 100 点，加倍单的止盈以 40 点递增；

欧加上下间隔 200 点挂单，首单止盈取 100 点，加倍单的止盈以 40 点递增；

澳新上下间隔 120 点挂单，首单止盈取 60 点，加倍单的止盈以 30 点递增；

新加上下间隔 120 点挂单，首单止盈取 60 点，加倍单的止盈以 30 点递增；

澳加上下间隔 100 点挂单，首单止盈取 50 点，加倍单的止盈以 20 点递增；

加瑞上下间隔 100 点挂单，首单止盈取 50 点，加倍单的止盈以 20 点递增；

5. 如 0.01 止盈，则 0.02 及以上的单取消，重新进 0.01 并按新的点位挂 0.02~0.1。

6. 如遇单边行情，单边破位后，可以同时采取以下方式形成与在单的对冲：

(1)以 0.1 的手数做 1H 大两线支持的金手指或交叉不加倍，出单后可以继续做。

(2)做 1H、15M、5M 的 G 线、上下轨、中轨破位单，分别进行破位加倍，下单手数依次为 0.02、0.04、0.08、0.16、0.32。做均线破位单对冲的时候,要注意一轮 a 单和另一轮 b 单的循环设置,如果扩大 20 点以内即能形成循环的,扩大 a 单的止损,进两轮;如果扩大 20 点仍不能形成循环的,则只进一轮。同时进三轮时同理。一次最多起三轮,只剩一轮且该轮非首单在单时,可起新单。另外,破位单多轮次同时加高后,应使用关键点阶梯式错开止损。

说明:双挂单加至 0.04 后开始考虑对冲单,但日图处于明显的横盘不做对冲的破位加倍单,4H 级别盘整或震荡不做所有对冲单。

注:若 G 线破位首单为 a 单,则其对应加倍单为 b,b 单的加倍单为 c,依次类推。

第三节　搭配双挂单的 G 线破位法

一、进单条件

1. G 线倾斜 30 度以上,紧靠 k 线(非大 K),缓慢推着 k 线前进,两线依序支持。

2. 做空时 G 线在黄线之下,做多时 G 线在黄线之上。

请参考图 3-1。

图3-1　黄金　4H　201607072000

3. 双挂单在0.01～0.03时,红粉间隔不超过2.5格,K线开盘偏离G线不超过1格。双挂单在0.03～0.1时,红粉间隔不超过3格;K线开盘偏离G线不超过2格,可直接进单,偏离2～2.5格时,需要多空一致。

4. 要求两线依序且均线与K线由近到远的排列为:G线、黄线、中轨。

二、止损、止盈的设置

1. 以破布林中轨为止损参考点。

2. 止盈为止损的1倍。

根据不同行情、不同货币,止盈可以灵活调整,以上仅为参考。

三、加倍法

1. 在止损位设置破位挂单,进行加倍,加倍单的止盈点数等同于前单的止损点数。

2. 当有单子生效时,注意查看止损是否要进行修改,加倍单止损是首单进仓点到当前 K 线走过的最高或是最低点（从首单进仓点到当前 K 线为止）。做多是以最低点为止损减 X 点，做空是以最高点加 X 点再加点差。做空/挂空单，以最高点为止损；做多/挂多单，以最低点为止损。

3. 止盈注意取消挂单。

第四节　搭配双挂单的中轨破位法

一、进单条件

1. 中轨倾斜 30 度以上，紧靠 k 线，推着 k 线前进，两线依序支持。如图3－2所示。

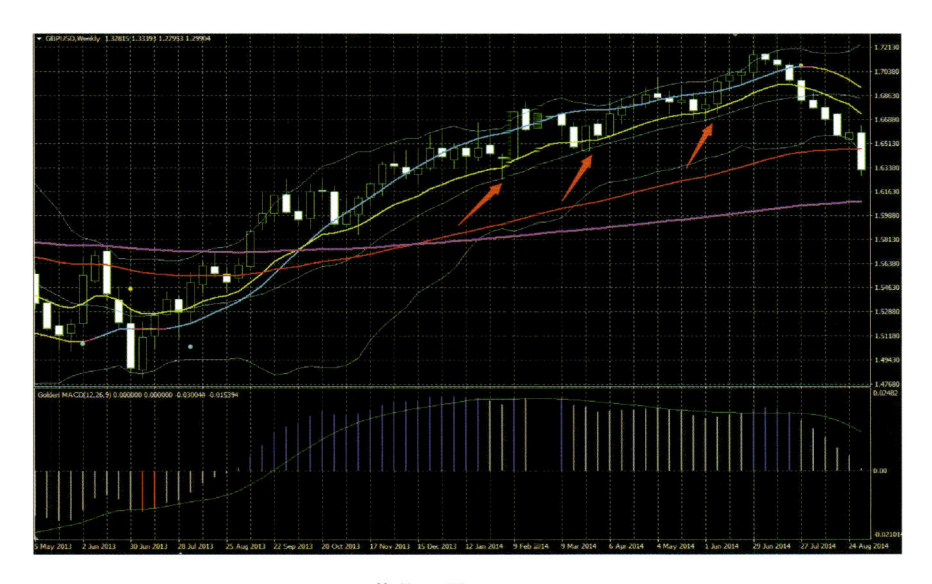

图 3－2　英美　周图　2014010140000

2. 以出现有利影线为最佳。

3. 双挂单在 0.01～0.03 时,红粉间隔不超过 2.5 格,K 线开盘偏离中轨不超过 1 格。双挂单在 0.03～0.1 时,红粉间隔不超过 3 格;K 线开盘偏离中轨不超过 2 格,可直接进单,偏离 2～2.5 格时,需要多空一致。

4. 要求均线与 K 线由近到远的排列为:中轨、红线、粉线。

二、止损、止盈的设置

1. 以趋势线为止损参考点。
2. 止盈为止损的 1 倍。

三、加倍法

1. 在止损位设置破位挂单,进行加倍,加倍单的止盈点数等同于前单的止损点数。

2. 当有单子生效时,注意查看止损是否要进行修改,加倍单止损是以首单到当前 K 线走过的最高或是最低点(从首单进仓点到当前 K 线为止)。做多是以最低点为止损减 X 点,做空是以最高点加 X 点再加点差。做空/挂空单,以最高点为止损;做多/挂多单,以最低点为止损。

3. 止盈注意取消挂单。

第五节　搭配双挂单的上下轨破位法

一、进单条件

两线依序的强烈单边时，以破上下轨作为做单条件，要求均线与K线由近到远的排列为：G线、黄线、中轨、红线、粉线。如图3－3所示。

禁止：若单边末端，G线倾斜度由高变低，离G线很近或K线跨G破轨，G线变平破轨则不做。

注：强烈单边指K线基本都朝一个方向（多/空）走。

图3－3　澳美　4H　201412090400

二、止损、止盈的设置

以 G 线作为止损参考点,如发现跨 G 破轨,止损放在近高低点,止盈为止损的 1 倍。

三、加倍法

1. 在止损位设置破位挂单,进行加倍,加倍单的止盈点数等同于前单的止损点数。

2. 当有单子生效时,注意查看止损是否要进行修改,加倍单止损是首单进仓点到当前 K 线走过的最高或是最低点(从首单进仓点到当前 K 线为止)。做多是以最低点为止损减 X 点,做空是以最高点加 X 点再加点差。做空/挂空单,以最高点为止损;做多/挂多单,以最低点为止损。

3. 止盈注意取消挂单。

第四章

金手指综合对冲交易法

1. 按照金手指的信号进单,以较好的金手指(主观判断)为主,有禁止条件的不进

金手指禁止条件(标准看盘下)如下:

(1)首单为大 K 加较长不利影线或特大 K 线(5 格以上)不进,除非绝对高位空低位多,又有优秀条件才做,以避免止损太大。如果绝对高位多低位空,首单有较长不利影线,一般就不做。

(2)首单为中趋势交叉四条件相反,而且是交叉后不久或 K 线离趋势线在 3 格以内或离 G 线上下 1 格之内或反向跨 G 不利色,不进单;如四条件相反且 G 线又靠近 1 格之内阻挡,非首单也不进。除非:中趋势有长的有利影线(最好两线都在布林轨内);或中趋势 200 日线靠近支持;或本趋势出现跨 G 线的吞噬;或本趋势 K 线离 G 线近,离趋势线远,且有足够的盈利点数空间,而且中趋势两线在布林轨内,但若中趋势两线刚反叉不久,本趋势有盈利空间也不做;或中趋势水红线和红线在布林轨内平躺。

(3)首单为高位多低位空,黄线未过 G 线或 G 线 180 度水平方向且中趋势两条件不一致,不进。

(4)首单中趋势四条件不一致,且中趋势黄线与 G 线重叠靠近阻挡或中趋势刚反向破平行窄轨,不进。

(5)绝对高位多低位空时,出信号的 K 线是大 K 线,又有较长不利影线或特大 K,任何情况都不能进;加倍单也不做。但可以等待回到趋势线或 200 日线时进。

(6)首单 K 线离趋势线或 200 日线太近的单子方向与其相反,受其阻碍,不能进,如果同时中趋势两主要条件都相反,则加倍单也不进。除非:第三次或以上接近趋势线或 200 日线或典型双头双底。当然,如果回到 G 线,离趋势线较远,一般可进。

受阻挡时,以下情况绝不可进:

①中趋势四条件相反时,本趋势 K 线离趋势线或 200 日线太近更不能进,回调也不进。

②K 线开盘价离 G 线距离 A 为 2 格以上且金手指信号离 G 线距离 B 为 1 格以上,同时 K 线离趋势线 C 在 1 格以内时,或 A+B−C 大于 2 格时。

(7)首单止损太大,超过平常止损点数的 2~3 倍,不进。如果回调到 G 线,止损适当,没有其他禁止条件即可进。

(8)首单离趋势线 5 格以上或离 G 线 4 格不进,除非:绝对高位空低位多。

(9)中趋势和大趋势 G 线颜色都相反,而且都在 1 格内阻挡。

(10)本趋势与中趋势两线都在布林轨内基本平躺,任何时候都应该避免追入,已进的单要尽量在离趋势线 4~5 格处或出现较长不利影线时平单出场。

(11)遇到超大 K 线时,在任何情况下都不能进单,尤其是中趋势四条件完全相反,更要严格禁止。除非:本趋势破趋势线,离水红线又有足够的盈利空间。

(12)偏离水红线≥7 格的背离单都不能进,如果中趋势已出现两次要条件同时相反,则偏离水红线≥5 格的背离单就不能进。如果前面已经出现过偏离趋势线 8 格且偏离水红线 10 格以上,一般都是反转信号,随后出现的背离单如果离水红线还有 5 格以上,都是短暂回调,不能进单,如果遇到中趋势刚好受 G 线靠近阻挡,更不能进。

2. 进单后首单不设止损,但在止损位挂破位加倍单,加倍单分两单挂,第一单注明 B1,按标准设置止损,第二单注明 B2,止损设在 B1 反向加倍单 C1 和 C2 的止盈之上或之下,确保 C1 和 C2 先止盈,B2 才能止损。

B1 和 B2 进场后,首单止损设置在 B1 和 B2 止盈时,整体能够盈利几点即可。首单止盈位改在 B1 止损位之前。

3. 如果 B1 止损,则 C1 和 C2 能补回 B1 的亏损,略有盈利即可。同理,如果 B2 止损,则 C3 和 C4 能补回 B2 止损,略有盈利即可。

4. C1 和 C2、C3 和 C4 止盈止损原则与 B1 和 B2 的设置相同,以此类推。

请看图 4-1、图 4-2、图 4-3 的图文解释。

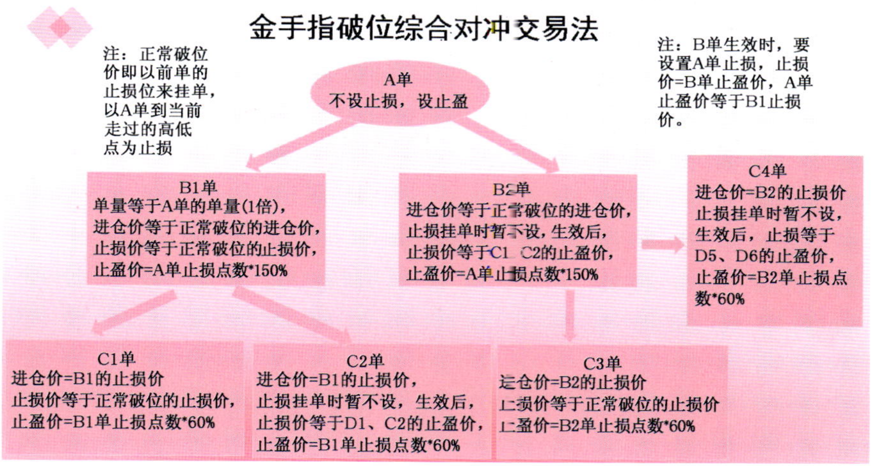

金手指破位综合对冲交易法

注:正常破位价即以前单的止损位来挂单,以A单到当前走过的高低点为止损

A单 不设止损,设止盈

注:B单生效时,要设置A单止损,止损价=B单止盈价,A单止盈价等于B1止损价。

B1单
单量等于A单的单量(1倍),
进仓价等于正常破位的进仓价,
止损价等于正常破位的止损价,
止盈价=A单止损点数*150%

B2单
进仓价等于正常破位的进仓价,
止损挂单时暂不设,生效后,
止损价等于C1、C2的止盈价,
止盈价=A单止损点数*150%

C4单
进仓价=B2的止损价
止损挂单时暂不设,生效后,止损等于D5、D6的止盈价,止盈价=B2单止损点数*60%

C1单
进仓价=B1的止损价
止损价等于正常破位的止损价,
止盈价=B1单止损点数*60%

C2单
进仓价=B1的止损价,
止损挂单时暂不设,生效后,
止损价等于D1、C2的止盈价,
止盈价=B1单止损点数*60%

C3单
进仓价=B2的止损价
止损价等于正常破位的止损价
止盈价=B2单止损点数*60%

图 4-1

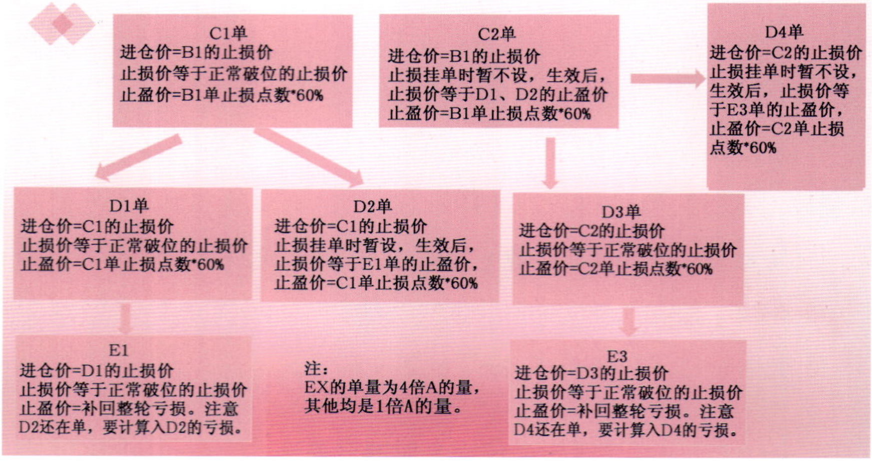

C1单
进仓价=B1的止损价
止损价等于正常破位的止损价
止盈价=B1单止损点数*60%

C2单
进仓价=B1的止损价
止损挂单时暂不设，生效后，止损价等于D1、D2的止损价
止盈价=B1单止损点数*60%

D4单
进仓价=C2的止损价
止损挂单时暂不设，生效后，止损价等于E3单的止损价，止盈价=C2单止损点数*60%

D1单
进仓价=C1的止损价
止损价等于正常破位的止损价
止盈价=C1单止损点数*60%

D2单
进仓价=C1的止损价
止损挂单时暂设，生效后，止损价等于E1单的止盈价，止盈价=C1单止损点数*60%

D3单
进仓价=C2的止损价
止损价等于正常破位的止损价
止盈价=C2单止损点数*60%

E1
进仓价=D1的止损价
止损价等于正常破位的止损价
止盈价=补回整轮亏损。注意D2还在单，要计算入D2的亏损。

注：
EX的单量为4倍A的量，其他均是1倍A的量。

E3
进仓价=D3的止损价
止损价等于正常破位的止损价
止盈价=补回整轮亏损。注意D4还在单，要计算入D4的亏损。

图 4—2

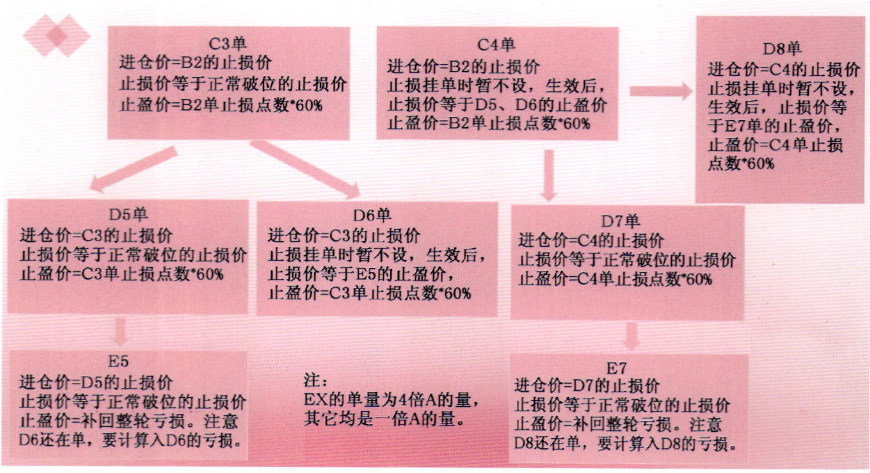

C3单
进仓价=B2的止损价
止损价等于正常破位的止损价
止盈价=B2单止损点数*60%

C4单
进仓价=B2的止损价
止损挂单时暂不设，生效后，止损价等于D5、D6的止损价
止盈价=B2单止损点数*60%

D8单
进仓价=C4的止损价
止损挂单时暂不设，生效后，止损价等于E7单的止损价，止盈价=C4单止损点数*60%

D5单
进仓价=C3的止损价
止损价等于正常破位的止损价
止盈价=C3单止损点数*60%

D6单
进仓价=C3的止损价
止损挂单时暂不设，生效后，止损价等于E5的止损价，止盈价=C3单止损点数*60%

D7单
进仓价=C4的止损价
止损价等于正常破位的止损价
止盈价=C4单止损点数*60%

E5
进仓价=D5的止损价
止损价等于正常破位的止损价
止盈价=补回整轮亏损。注意D6还在单，要计算入D6的亏损。

注：
EX的单量为4倍A的量，其它均是一倍A的量。

E7
进仓价=D7的止损价
止损价等于正常破位的止损价
止盈价=补回整轮亏损。注意D8还在单，要计算入D8的亏损。

图 4—3

第五章

不加倍方法

第一节 双头双底交易法

一、进单条件

汇价走多，走到一个偏离趋势线（红线）远（≥5格）的高位回头跌破回调线（黄线），又折回走多，第二次走到与前高差不多相同的价位（同样离趋势线远），又回头形成多空一致或较长上影线，此时称前面的K线组合（两个高点价位相等或相差不大，中部一个低点）为双头；反之，则称为双底，但都必须满足头或底离趋势线远，上中部过回调线的条件。如图5-1、图5-2、图5-3、图5-4所示。

图5-1 黄金 1H 20_511301500

图 5-2 黄金 4H 201304190800

图 5-3 欧澳 4H 201602150400

图 5-4 黄金 4H 201508251200

二、不利条件

不可能所有信号都很标准,如果中部未触碰黄线,效果会差些。

双底时,如果第二底比第一底更低,特别是实体创新低时,效果也会差些。

双头时,如果第二头比第一头更高,特别是实体创新高时,效果也会差些。

趋势不够末端(大走之后为宜),做逆市成功率也会低些。

三、有利条件

双底双头时,如果有带较长的影线,更加有利。

若是两线倾斜支持的双头双底,则不用考虑是否过回调线或是不够高/低位的问题,可以直接进。

推荐交易活跃的品种。

四、进单时机

1. 激进法,以第二底/第二头形成时进仓。
2. 保守进法,以破颈部为进仓时机。

五、止损、止盈的设置

双头双底的高低点作为止损参考点。第一种进仓方式,建议止盈可以放大至5倍;第二种进仓方式以止损点数的1.5倍为止盈,1倍止盈后见机平仓。

第二节 头肩交易法

一、进单形态

头肩:当K线组合形成"中间高两头低"(如图5—5所示)时,称为头肩形态,高位头朝上称头肩顶,低位头朝下称头肩底。

须注意:2个肩膀比较平行时,才是典型的头肩形态。如图5—5、图5—6所示。

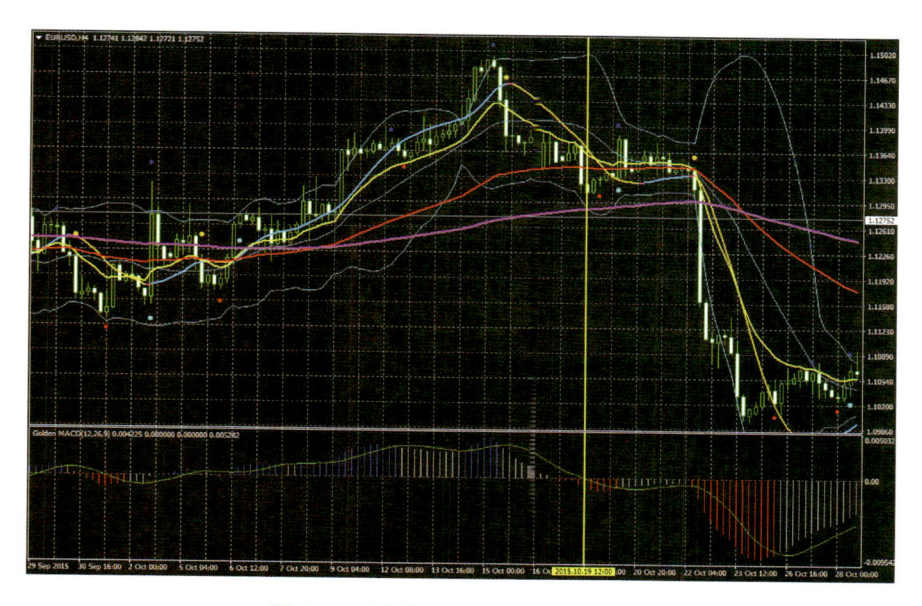

图 5－5　欧美　4H　2015010191200

图 5－6　英美　1H　201601212100

方法原理：

在绝对高低位，趋势进行停顿整理时，突然向绝对高位或绝对低位再次突破，但立即回撤回来。就好像我们对地板用力投球，如果地板破了，那球就下去了；但若地板没破，就很有可能被弹回来，而且受反作用力影响，会反弹很多。

二、不利条件

(1) 整体 K 线数较少。

(2) 不够高位/低位，或是中趋势大趋势刚突破不久。

三、有利条件

(1) 整体盘整较久。

(2) 肩头/肩底突破后马上回归盘整或反向。

(3) 超明显的绝对高低位。

四、进单时机

K 线实体过肩部的最高/最低点。

五、止损、止盈的设置

以顶底作为止损参考点，以止损点数的 1.5 倍作为止盈点数。

第三节　两线依序支持的
　　　　　回调单交易法

一、进场条件

红线与粉线对 K 线形成依序支持（红粉间隔不超过 2 格，K 线开盘价偏离红线不超过 3 格），在此前提条件下，以下几种情况可进单：

1. K 线回调到红线形成有利影线（只要半格左右或更长的有利影线即可）。如图 5－7 所示。

图 5－7　英新　2016)5031600

2. K 线（含影线）回调到红线半格以内（含半格），形成明显的有利影线，在1格左右或更长。

3. K线价格突破过红线进至粉线，之后同向过红线并形成半格以上有利影线，或重新站稳红线三根K线。如有同向红黄交叉更好。如图5－8所示。

图5－8　黄金　1H　201603021800

4. 满足信号条件时斜率不符合，三根K线内满足斜率条件且偏离均线满足基本条件，进行补进，进仓时间及OPEN按斜率满足时。

二、止损、止盈的设置

止损按粉线设置，如假破过粉线，则以破该高低点为止损；止盈按止损的1倍设置（按照图表设置）。

三、禁止条件

1. 同一方向第三次回调不做。

2. 回调前出现明显的反向 K 线信号或反向双头双底、头肩底或头肩顶或平行轨盘整形态。

3. 粉线与红线两线位于布林轨内平躺或接近平躺。

四、补充说明

1. 关于几次偏离和回调的补充说明：

(1)偏离和回调的次数重置条件为红黄交叉，或红粉两线间隔缩小到明显≤1格且两线斜率同时满足，此两种情况出现后的回调计为第一次回调。

(2)偏离多远后产生的回调算做回调，此处暂不做说明，采取主观判断的方式，但建议偏离趋势线三格以内且六走过实际止盈位的偏离可以忽略不计。

2. 每品种每方向只有一单在单。

3. 因被禁止的信号走过止盈，虽然未做单，但该信号产生的回调也应计为一次回调。

第四节　14日线交易法

一、使用指标

使用14日线 simple 作为主要指标，参考趋势线（60日指数线）和止损线（200日加权线）。

二、进单原则

K线实体上破14日线做多,下破14日线做空,且满足以下两个条件之一方可进单:

1. 绝对或相对高位空低位多前提下,如果K线破14日线之前有1格有利影线进一单,如果有双有利影线(每个影线都要1格以上)可以进两单(这里的相对高位空低位多,进单开盘价必须回调到离绝对高低点5格以内,否则不做。影线的计算要有利和不利互抵之后)。如图5—9、图5—10所示。

图5—9　欧英　4H　201507211200

图 5-10　瑞日　201509090400

2. 绝对或相对高位空低位多假破 14 日 1 次的做一单，假破 14 日 2 次的再做一单（这里假破进单开盘价必须离绝对高低点 3 格以内，若假破一次后偏离超过 3 格，二次假破回调到 3 格以内可做一单，三次假破则不做）。如图 5-11 所示。

图 5-11　新美　4H

三、止损、止盈的设置

1. 以前高低点为止损，以止损的 1.0 倍为止盈。

2. 如同时进两单，则第二单止盈减少 10%。

3. 出现明显不利影线时，要提前平仓止盈出局。

四、禁止条件

1. 破 14 日线时，做多为阴线，做空为阳线，则放弃做单，等待下一根 K 线的情况再确定。

2. 同向行情已经走了三波之后，不再做同向单。

3. 红线靠紧 K 线 1 格及以内阻挡，且红粉间隔 2 格及以内，即可放弃做单，但如果产生三波反向行情之后两线间隔已经超过 2 格，则仍可不顾两线阻挡做单。

第五节　Golden 信号与 G 线重叠交易法

一、判断时机

按金手指信号和 G 线颜色一致且金手指与 G 线重叠即开始判断。但若绝对高位空或低位多时，K 线跨 G 线或趋势线或 200 日线可以中间色进。若绝对高位空或低位多时 K 线同时跨 G 线、黄线、趋势线、200 日线此 4 线中的 2 线，G 线异色也可以进。

注：判断高位/低位主要以偏离趋势远为准，K 线最远点至少偏离趋

势 5 格，200 日线 6 格，如 2 线间隔 2 格以上，可以偏离趋势线 4 格即可。

或标准看盘规格时，K 线基本连续上升或连续下跌 10 格，做空时跨线的 K 线基本处于右上方，做多时 K 线基本处于右下方。

二、交易时段

1H 及其以上时段。

三、止损、止盈的设置

止损：近高/低点。

止盈：按客观止损点数的 1.5 倍作为止盈点数。

四、进单条件

出信号的 K 线刚好与 G 线重叠，G 线变为同色，且非高位多、低位空。

遇到以下情况，将更加优秀：

1. 出信号时高位空、低位多且 Golden 信号刚好在圆弧顶或底。如图 5－12 所示。

G 线构成的圆弧越圆越好，如图 5－13 所示。

图5-12　澳日　1H　20151013000

图5-13　欧美　4H　201312121600

如果是高位空、低位多，G线形成椭圆形，Golden信号在G线之外，即使未与G线重叠，只要十分接近就可以进入。如图5-14所示。

图5-14　澳日　1H　20141230

2. 出信号的K线同时破上下轨或趋势线，如图5-15所示。

图5-15　欧美　4H　201301101600

3. 双头或双底之后产生的 G 线与 Golden 信号重叠,即使有不利影线也可以进。如图 5-16 所示。

图 5-16　澳新　1D　201504240000

4. 如果是高位空、低位多,G 线变色后一段时间才出现 Golden 重叠信号也可以进,无需在圆弧顶或底,如图 5-17 所示。

图 5-17　欧美　4H　201310282000

5. 以下情况不进单：

(1)出信号的 K 线具有较长的不利影线。

(2)出信号的 K 线为大 K 线(3 格以上)加不利影线。

(3)出信号的 K 线为特大 K 线(5 格以上)，造成止损太大。

(4)受 200 日线或趋势线压制的火炬(大实体，小的有利影线)。

(5)出信号的 K 线本身不能是最高点或最低点，也就是说，出信号前必须有更高或更低的 K 线。

(6)中趋势不能是刚出现 Golden 相反信号不久，如在 5 根 K 线内有反向 Golden 信号不做。

(7)如 Golden 信号不是与 G 线完全重叠，不能进，除非 G 线为尖椭圆形，G 线为平椭圆形，Golden 信号未与 G 线完全重叠，即失败。

(8)收盘价离 G 线的距离大于收盘价离趋势线的距离。

(9)Golden 信号出现时已经三连阳或三连阴，又未过趋势线。

6. 判断顺序。

在符合基本条件的前提下：

(1)是否有禁止条件：如有即放弃(除非其前有双头、双底或双影线)，如没有看(2)。

(2)是否有极优条件(出信号的 K 线同时破上下轨或趋势线，其前有双头、双底或双影线)：如有即做，如没有看(3)。

(3)是否尖圆弧顶或尖圆弧底信号：如是即做，如不是看(4)。

(4)中趋势是否 G 线同色，且非同色太久：如是即做，如不是看(5)。

(5)中趋势的反向 Golden 信号是否在 5 根 K 线之外：如是可做，如不是则放弃。

第六节　高空低多跨 G 交易法

一、判断时机

按金手指信号和 G 线颜色一致且金手指与 G 线重叠即开始判断；但若绝对高位空、低位多时，K 线跨 G 线、或趋势线、或 200 日线，可以中间色进；若绝对高位空、低位多时，K 线同时跨 G 线、黄线、趋势线、200 日线此 4 线中的 2 线。

注：判断高位/低位主要以偏离趋势远为准，K 线最远点至少偏离趋势 5 格，200 日线 6 格，如 2 线间隔 2 格以上，可以偏离趋势线 4 格即可。

或标准看盘规格时，K 线基本连续上升或连续下跌 10 格，做空时跨线的 K 线基本处于右上方，做多时 K 线基本处于右下方。

二、交易时段

1H 及其以上时段。

三、止损、止盈的设置

止损：近高/低点。
止盈：按客观止损点数的 1 倍作为止盈点数。

四、进单条件

出信号的 K 线在高位/低位有一定幅度的 K 线跨 G 线。如图 5－18、

图5－19、图5－20所示。

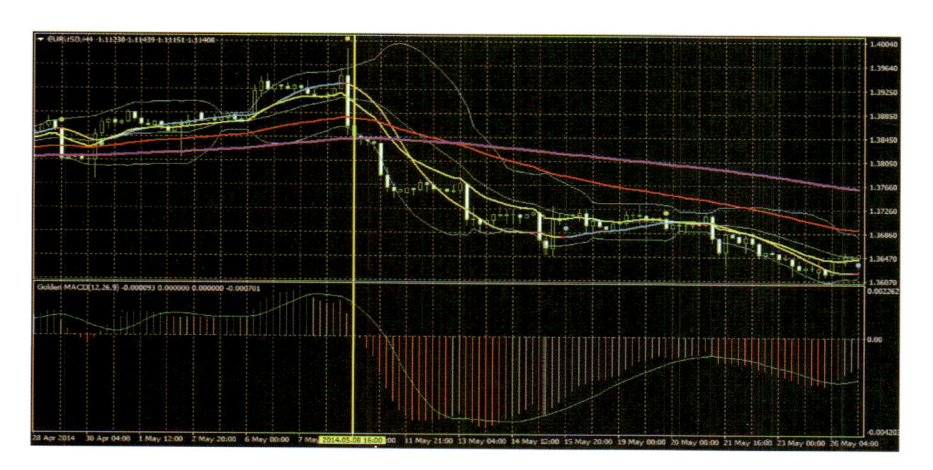

图5－18　欧美　4H　201405081600

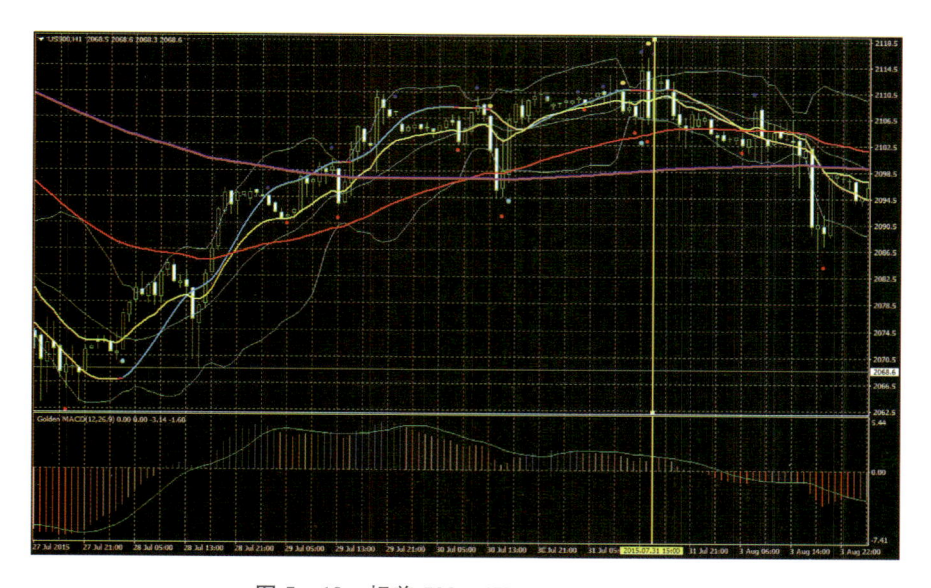

图5－19　标普500　1H　201507311500

图 5-20　黄金　1H　201604121500

注意：如遇盘整过 G 或是小 K 跨 G，均不属于典型例子。如图 5-21 所示。

图 5-21　黄金　4H　201606130400

五、有利条件与不利条件

1. 有利条件

跨 G 前,出现了高位多的 K 线,但立即反跨。

跨 G 前,出现了低位空的 K 线,但立即反跨。

带很长有利影线。

K 线靠中部跨 G,K 线大于 2 格。

2. 不利条件

不够高位/不够低位。

中趋势刚反向突破不久。

第七节　跨多线的交叉或金手指

一、进单条件

交叉或出金手指时,K 线跨多线(最好有破轨或突破之前一段的盘整区间),出金手指或交叉。这里的跨多线指的是 G 线、黄线、趋势线、200 日线等重要均线。

如图 5-22、图 5-23 所示。

图5-22　美日　1H　201603161900

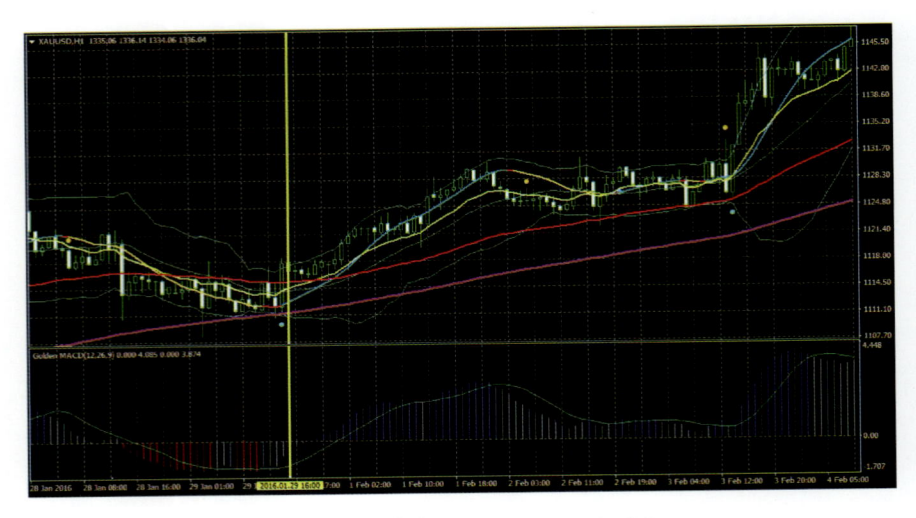

图5-23　黄金　1H　201601291600

二、止损、止盈的设置

止损：取低高低点为止损参考点。

止盈：按客观止损点数的 1～2 倍。

三、有利条件与不利条件

1. 有利条件

出现信号的 K 线有 2～3 格，有一定的趋势，在趋势刚启动时。

2. 不利条件

在极度明显的趋势末端跨线。

超大 K 跨线，有可能趋势走完，需分析一下当前趋势，高位多或低位空跨线，要慎重分析。

四、原理

在出信号时，跨多线代表明显的趋势或行情刚到来，而且趋势可能较猛，跨多线后也会变成依序模式。很值得尝试。

第八节 交叉同时出金手指

一、进单条件

交叉后，发现交叉同时（交叉前后也可以，交叉后出金手指更好）出金手指，是比较不错的信号指标。

若两线依序,则效果更佳。

如图5-24、图5-25所示。

图5-24 标普 500 1H 201601131800

图5-25 标普500 1H 201602102300

二、交易时段

1H 及其以上时段。

三、止损、止盈的设置

止损：近高/低点。

止盈：按客观止损点数的 1~2 倍作为止盈点数，根据实际情况调整。

四、有利条件与不利条件

1. 有利条件

如刚遇单边突破，止盈可以取更大一些。交叉附近出金手指，代表趋势比较强势，不是盘整。

2. 不利条件

当趋势末端时，注意前低，如过不了前低，注意平仓，过了前低却立刻反弹上来，也要注意平仓。

第九节　优秀 K 线形态后出交叉

一、进单条件

双头双底、头肩顶、K 线信号、跨多线等优秀形态产生后，之后又产生交叉，交叉本身就是一个很稳定的信号，如果之前出现有利的形态的话，是稳上加稳。优秀条件请参考本书前面的基础。

图 5－26 是绝对低位双底后的交叉，图 5－27 是跨多线加有利 K 线形态后的交叉。

图 5－26　原油　201603060000

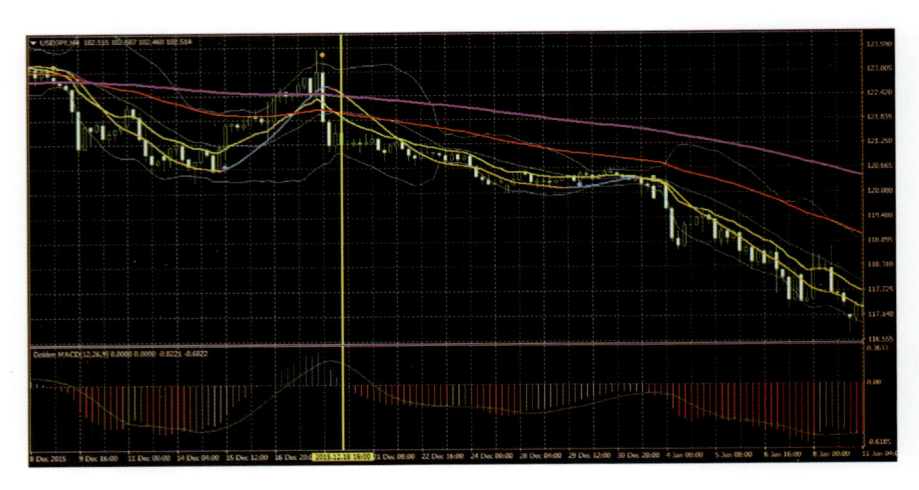

图 5－27　美日　201512181600

二、止损、止盈的设置

止损:取低高低点为止损参考点。

止盈:按客观止损点数的 1~2 倍。

三、有利条件与不利条件

1. 有利条件

绝对末端的反转,优秀形态的出现,是在偏离趋势线很远的地方依序的有利形态后出的交叉。

2. 不利条件

进单后发现被 200 日线挡下来且反叉,最好反向再做一单。

四、原理

在出信号时,前面有优秀形态,行情可能反转,值得一试。

第十节　分形交易法

使用改进过的分形指标看盘。在使用本方法的时候,分形参数要根据不同品种做调节,才能有更好的结果。例如,以下参数作为参考,黄金用 4,美日用 5,英日用 6。原版 MT4 自己带的分形则为 2,比较难适应和应用于交易。

一、进仓方法

(1)附近的 K 线中有一组分形指标后开始挂单进仓;

(2)在红色箭头对应的K线最高点处1点挂破位多；

(3)在蓝色箭头对应的K线最低点处1点加点差挂破位空。

参考图5—28。

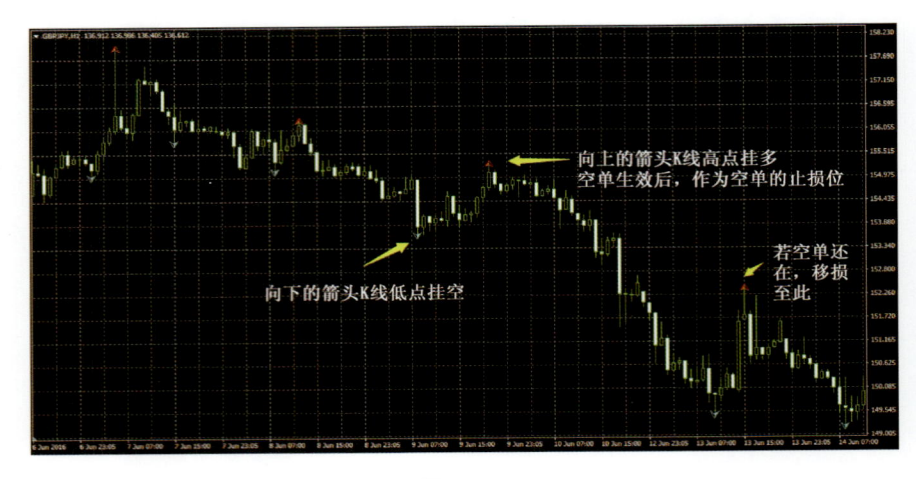

图5—28

同一时间，同一货币，只做一单。

由于汇价的波动，分形会跟随汇价走动，所以，破位进仓点也要随之改变，交易时请注意跟随汇价改变破位进仓点。

详细解释如下：

(1)多单：改损到最近的下分形的最远影线减X点；改盈到从"理论进仓位"与多单生效时间之前的第一个下分形之间的最远影线的距离乘以止盈比例。

同时，若有做多挂单，删除；若有做空挂单，当在单止损位不为0，且挂单进仓位与止损位不符时，删除；若无做空挂单，在单止损位不为空时，按在单的止损位挂空。

(2)空单：改损到最近的上分形的最远影线加X点加点差；改盈到从"理论进仓位"与空单生效时间之前的第一个上分形之间的最远影线的距

离乘以止盈比例。

同时，若有做空挂单，删除；若有做多挂单，当在单止损位不为 0，且挂单进仓位与止损位不符时，删除；若无做多挂单，在单止损位不为空时，按在单的止损位挂多。

二、止损、止盈的设置

止损：进仓后等 1 个 K 线，此 K 线到前一个反向的分形指标对应的 K 线，两者间的最远点为止损点，当然，做多为最低点，做空为最高点。

特殊保护：当无止损时，以封顶止损点数、封顶止盈点数判断，到达点数则做平仓处理。防止意外设置不了止损、止盈时，单子一直卡着。

注：每次改损盈，判断已有止损与要改的值不符，才需要改。

推损：当汇价往盈利方向走，再次出现反方向的分形指标时，将止损设置到当前 K 到反向分形指标的最远点（做多为最低点，做空为最高点）。参考图5-28空单下行后，推损到下一个分形点。

止盈：预设客观止损点数的 3 倍。

三、交易品种

以活跃易单边的交易品种为主。

四、交易时段

至少 1H 以上时段。

五、原理和使用技巧

此方法集波浪理论和盘整破位之精华，在单边趋势来临之时，所向披靡，能刚好地把握住趋势，获得很多盈利。由于是单边方法，交易者也要注意在盘整初期和重度盘整时少用此方法,多使用在黄金、原油、英日等相对活跃品种的活跃时期。

第十一节　时机交易

金融交易,久盘必走,久走必盘,金融产品的走势,也有一定的节奏和"旋律",如同音乐一般。本节就为大家介绍外汇节奏中的一环。

每隔一段时间,金融市场总有一些品种,会有超大的趋势,由于习惯平时的清淡,大多数交易者不能在大趋势中获利很多,变成了"干瞪眼",本节就为大家介绍一下"激情过后"的交易机会。

在趋势大走完后,往往会产生一定的震荡盘整区间,利用此区间,可以反复交易,也是绝佳的交易机会。

一般在趋势停止(产生影线,K线逆转)后3～5根后,这个震荡盘整区间就基本会显现出来,此时高空低多,交易1～2天即可,这个现象也是有保质期的,盘整一段时间后,趋势突破,再顺着突破的方向再交易。犹如歌曲,大多数歌曲在舒缓部分演奏一段时间后,都会进入小高潮,然后循环之,我们的交易也是如此,如同艺术一般美妙。

但注意,一定要走出较大的趋势之后才能使用本节所提到的内容。

参考图5—29英国脱欧公投事件黄金的表现。

发现日经指数遇重大事件大走后,如图5—30所示。

转至1H(见图5—31)观察并做单。

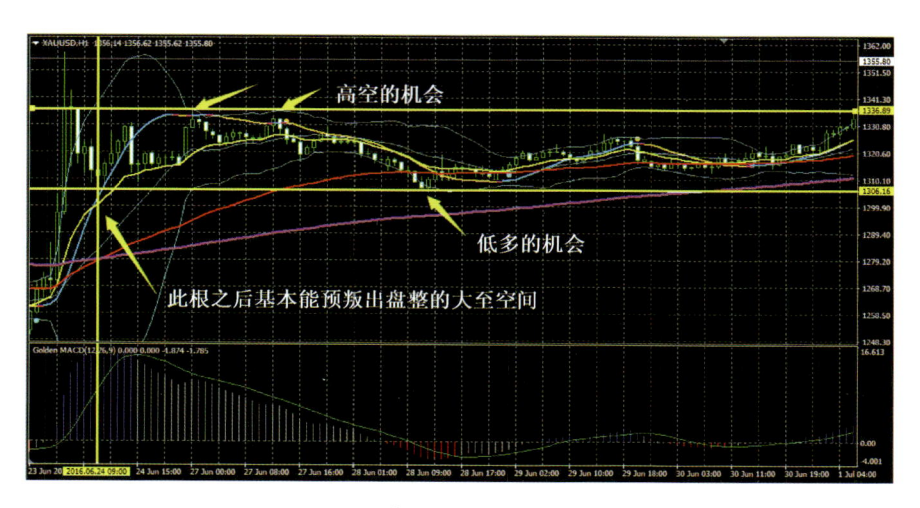

图 5－29　黄金　1H　201606240900

图 5－30　日经　4H　201508250610

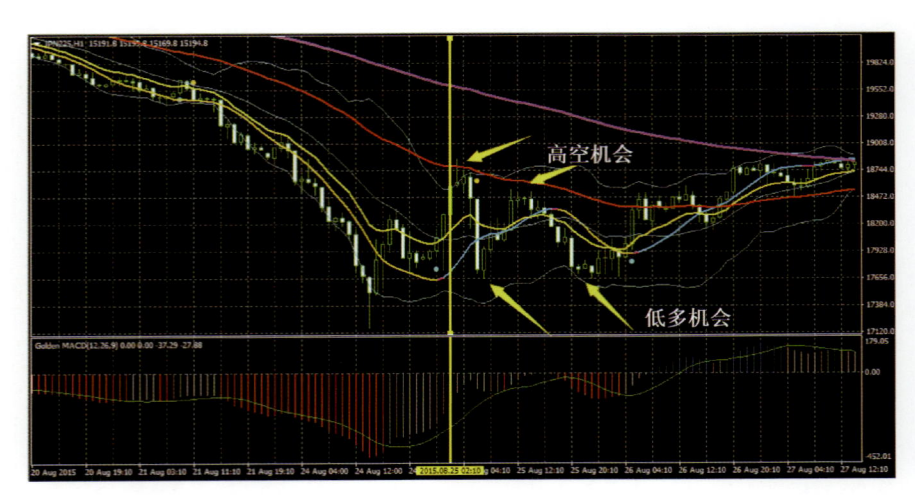

图 5-31　日经　1H　201508250210

第十二节　优秀的顺势 K 线单

在上册中,我们介绍过一些有利的 K 线形态,但若有利的 K 线形态出现在逆势中,往往不能保证持续多久,但本节介绍的顺势 K 线单,就有可能遇到较大的趋势,盈利空间比较大。

一、进单条件

1. 本趋势两线依序,或非依序但盘整刚突破。
2. 形成吞噬或多空一致,离趋势线近。
3. 有有利影线。
4. 中趋势一致或刚突破。

如图 5-32、图 5-33 所示。

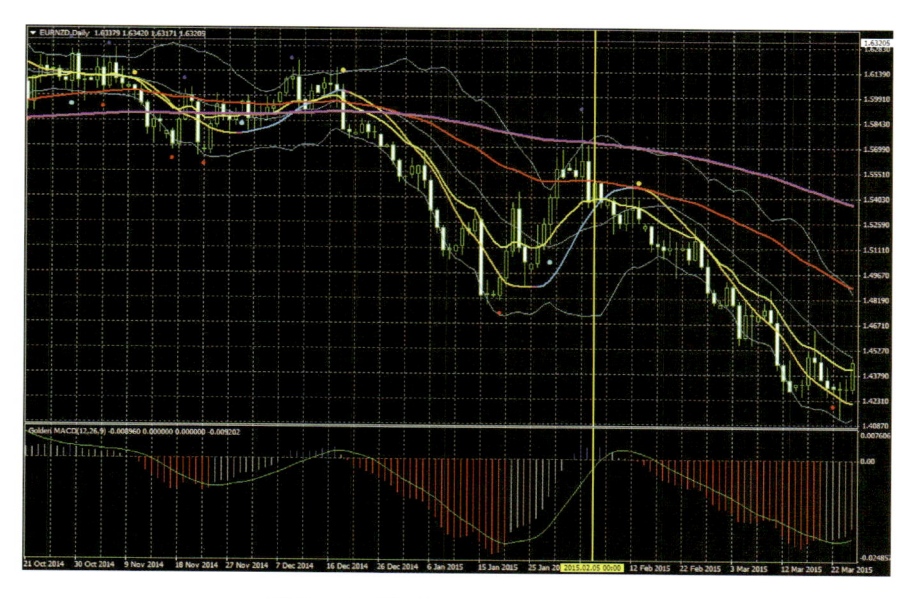

图 5—32　欧新　1D　201502050000

图 5—33　上图的中趋势

二、止损、止盈的设置

止损为近高低点加减 X 点，做多减 X 点，做空加 X 点加点差（由于止损很小，所以可以适当加一些 X 点）。

止盈可以是客观止损点数的 1~2 倍，如止损小，货币活跃，止盈可以大一些。止损大偏离趋势线远，则止盈倍数可以小一点，但不要小于 1 倍。

三、禁止条件

不要是盘整形成的进单条件，如发现趋势很小或盘整，可以不做。
尽量不要是趋势太末端。

第十三节　三破一叉

一、"三破一叉"的含义

指 MACD 破零，平轨窄轨破轨，突破 200 日线，红黄交叉。

二、进单条件

"三破一叉"几乎同时完成的单，而且先破 200 日线或是同时破进单。如图 5—34、图 5—35 所示。

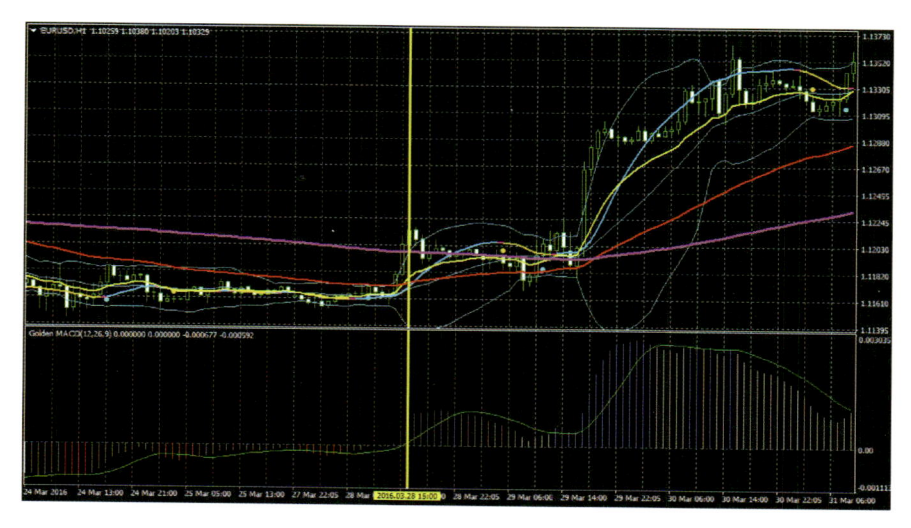

图 5－34　欧美　1H　201603281500

图 5－35　英日　H4　201508210400

三、止损、止盈的设置

止损：交叉前的近高低点。

止盈：止损点数的 1.5 倍。

四、注意事项（禁止与优秀条件）

1. 先破布林轨或是 MACD 零轴或是先交叉，之后再破 200 日线，特别是先破其他的，离 200 日线还有一定距离的单，然后破 200 日线，会比较差。200 日线是最强阻力，如果不是先破的话，后续力量可能不足，特别是遇反向倾斜的 200 日线，当 200 日线比较平时，所代表的阻力就比较小了。

2. 有很多朋友把破轨认为有破就好，其实也不是，在绪论部分，有介绍到，平行窄轨越平、越窄则越好，突破时才会稳、准、狠。

3. "三破一叉"同时发生时，代表趋势之前盘整，而突破时趋势强势，经过很久盘整而发生的强有力的趋势比较容易成功。

第十四节　有利影线之后 G 线与 MACD 绿线同向单

一、进场条件

1. 半格或半格以上有利影线产生之后，出现 G 线和 MACD 绿线同向信号。

2. 按 G 线黄色做空，蓝色做多。同时做多时绿线向上倾斜，做空时绿线向下倾斜。如图 5-36 所示。

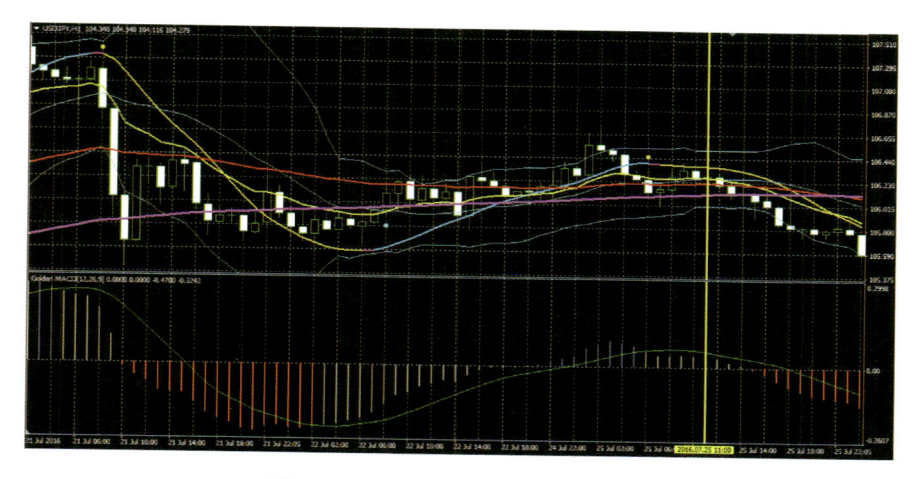

图 5－36　美日　1H　201607251100

3. 如有利影线在一格以上或出现双有利影线,则加倍进单。如图 5－37所示。

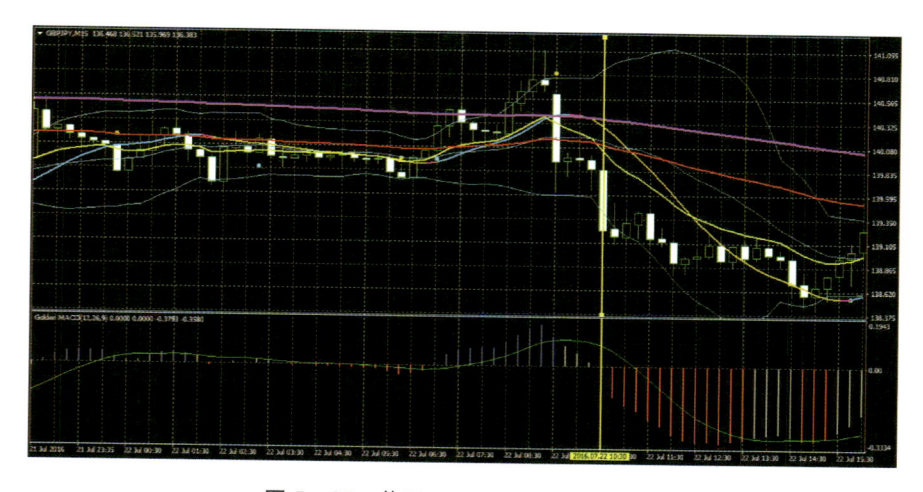

图 5－37　英日　15M　201607221030

二、止损、止盈的设置

1. 以破影线为止损，以止损的一倍为止盈。
2. 出现明显不利影线时，可提前平仓止盈。

三、交易时段

15M、1H 和 4H。

四、交易品种

可以根据 ATR 优选活跃的品种来交易，同时注意澳加新相关品种杂乱的影线。

第十五节 水平线关键点交易法

K 线上的关键点分为几种，包括行情的波峰和波谷、盘整区间的上下沿、上升或下降通道的轨道，等等。本交易法用到的水平线是其中的一种，水平线由多个支撑、阻力位连线而成，通常情况不是一个具体精确的点位，而是由小幅的价格区间组成的一条水平带。

一、水平线关键点交易法

1. 方法原理

假设行情在一波盘整后，选择向上突破，此时，盘整区间高点的连线形成的水平线由突破前的阻力转为突破后的支撑，当行情回撤至水平线时往突破的方向做多。

2. 方法操作

价格突破水平线后,在水平线的位置挂与行情突破相同方向的限价单,或行情靠近水平线时形成有利的 K 线形态,直接进仓。止损设置在突破区间前的最后一个波谷,止盈可以放在上方最近的一个阻力位,或者根据上方不同的阻力位分别设置、阶梯止盈。操作的看盘时段不限,但越大的时段成功率越高,建议操作 1H 和 4H,盈亏比小于 1∶1 则放弃。如图 5－38 所示。

图 5－38

二、上下相接关键点位挂单法

1. 方法原理

上下相接关键点位挂单法,实则是水平线关键点交易法的延伸。假设挂空方向,前方的支撑跌破后,支撑转化为阻力,行情跌破后回撤至此阻力位，再次往突破的空方向运行，视为阻力测试有效，此时，将前方突破的低点和后期回撤的高点连线，此线为水平线或水平带，一般情况下不是精确的点位，而是小幅的价格区间。价格区间的中轴点位，即为上下相接关键点。越多的高低点形成的水平线，越有效。

2. 方法操作

价格在关键点下方，在关键点处挂 sell limit；价格在关键点上方，在关键点处挂 buy limit。

止损参考点设置在与做单方向相反的较关键点位更远的一个较明显的支撑或阻力位，止盈设置在与做单方向相同的下一个支撑或阻力位之前。

操作的看盘时段不限，但越大的时段成功率越高，建议操作 1H 和 4H，盈亏比小于 1∶1 则放弃。

如图 5－39 所示。

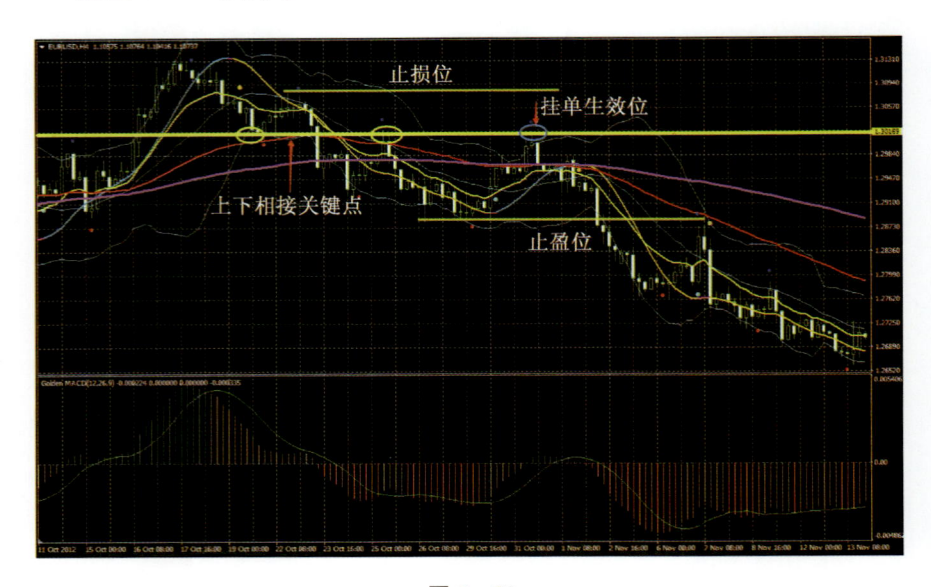

图 5－39

第十六节　回马枪交易法

一、进单条件

1. 做多。红线上叉粉线后,G线首次变黄色的阶段:(1)红、粉两线在布林轨外时,前K回调到碰布林下轨(有时未碰,非常靠近亦可);(2)红线在轨内时,前K回调到碰红线形成阳线(阴线带较长下影线亦可),若回调过程中K线下破红线,须等前K收盘再次上破红线。则当前K的Open位置做多。

2. 做空。红线下叉粉线后,G线首次变蓝色的阶段:(1)红、粉两线在布林轨外时,前K回调到碰布林上轨(有时未碰,非常靠近亦可);(2)红线在轨内时,前K回调到碰红线形成阴线(阳线带较长上影线亦可),若回调过程中K线上破红线,须等前K收盘再次下破红线。则当前K的Open位置做空。

红线轨外。进单图如图5—40所示。

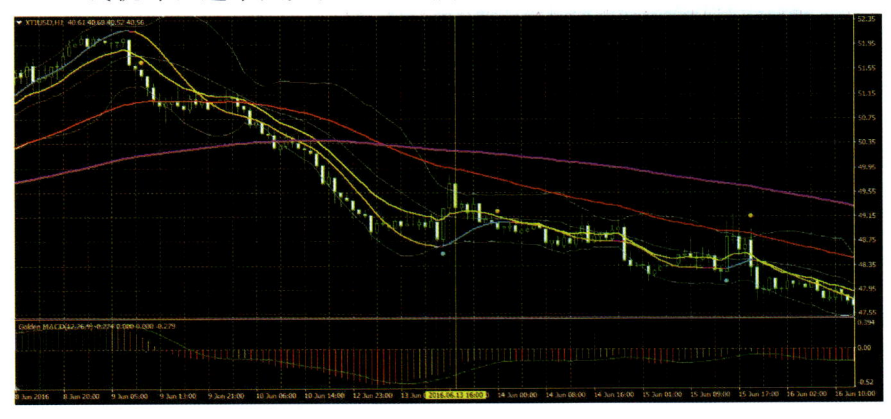

图5—40　原油　1H　201606131600

红线轨内,K线碰红线。如图 5-41 所示。

图 5-41　原油　30M　201604260230

红线轨内,K线破红线后又站稳红线。如图 5-42 所示。

图 5-42　英美　30M　201602101830

3. 上述的 G 线首次变异色,包含红、粉交叉时 G 线已是异色,则不用再等来回变色(异色:红线上叉粉线遇黄色 G 线,或红线下叉粉线遇蓝色 G 线)。

红线上叉粉线时,G 线已是黄色。如图 5-43 所示。

图 5－43　原油　15M　201608010030

4. 特殊一。红、粉交叉后,第一段 G 线异色无进单条件,后面 K 线进入盘整,G 线来回变色,但 K 线未突破交叉后第一段行情的高低点。则 G 线第二段异色或第三段异色,仍可按上述第 1 条和第 2 条规则等待做单机会(注意:行情有创第一段新高低的不做,属于禁止条件)。红、粉交叉首次 G 线异色无进单条件,行情未创新高低,G 线多次变异色才满足条件,如图 5－44 所示。

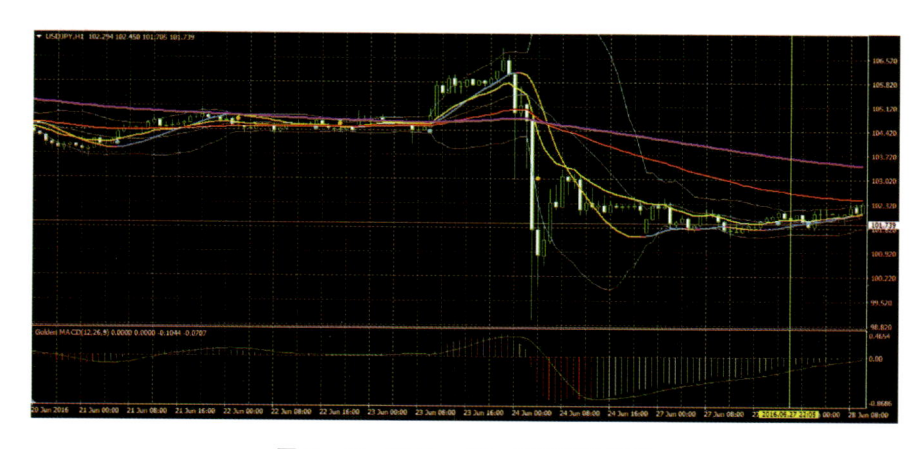

图 5－44　美日　1H　201606272205

5. 特殊二。前一个交叉走大行情后，进入盘整，红、粉没反叉，但贴得很近后又同向张开，可近似为交叉信号，按第1条和第2条判断是否进单。

红、粉近似交叉信号，如图5－45所示。

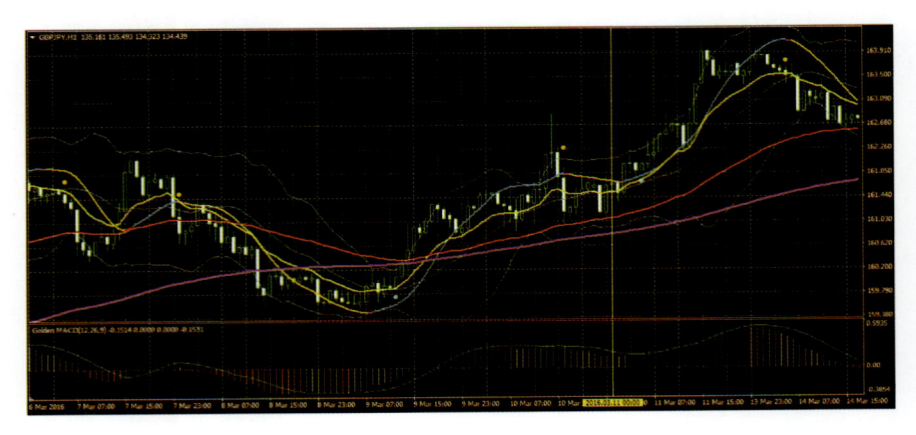

图5－45　英日　1H　201603110000

6. 补单。每次红、粉交叉后只做一次单，除非在进单的同一段异色G线阶段就止损，则等待K线重新站稳红线原方向，补进同方向的单。

首次G线异色止损后站稳红线，补单。如图5－46所示。

图5－46　欧美　1H　201507311200

二、止损、止盈的设置

1. 止损

从进单位置回推到红、粉交叉前的第一个G线异色阶段K线的最远点为参考点。

2. 止盈

如果止损较小,止盈设为止损的两倍;如果止损较大,止盈设为止损的一倍[参考日图ATR(26),ATR数值在100点以内的,止损50点以内(含50点),止盈取止损的2倍;止损50点以上的,止盈取止损的1倍。ATR数值在100~150点的,止损75点以内(含75点),止盈取止损的2倍;止损75点以上的,止盈取止损的1倍。以此类推。ATR一个月取一次]。

三、禁止条件

1. 红、粉交叉后,行情走单边太大,才第一次G线变异色,即使后面出现满足进单条件,也放弃。

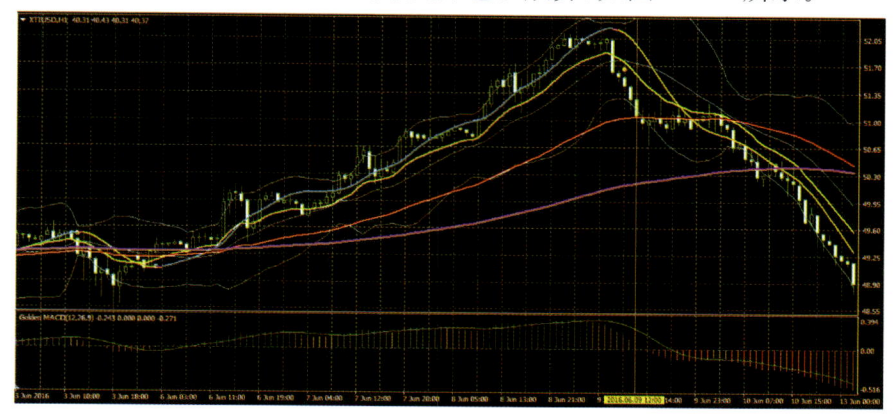

红、粉交叉行情太大,G线才变异色。放弃,如图5-47所示。

图5-47　原油　1H　201606091200

2. 第一段G线异色回调没有碰到布林轨或红线,之后创出新高低。首次G线异色无进单条件,后来创新高低。放弃,如图5-48所示。

图5-48　欧美　1H　201509230900

3. 按规则取得的止损参考点,做多参考点还在粉线之上,做空参考点还在粉线之下,不做。如图5-49、图5-50所示。

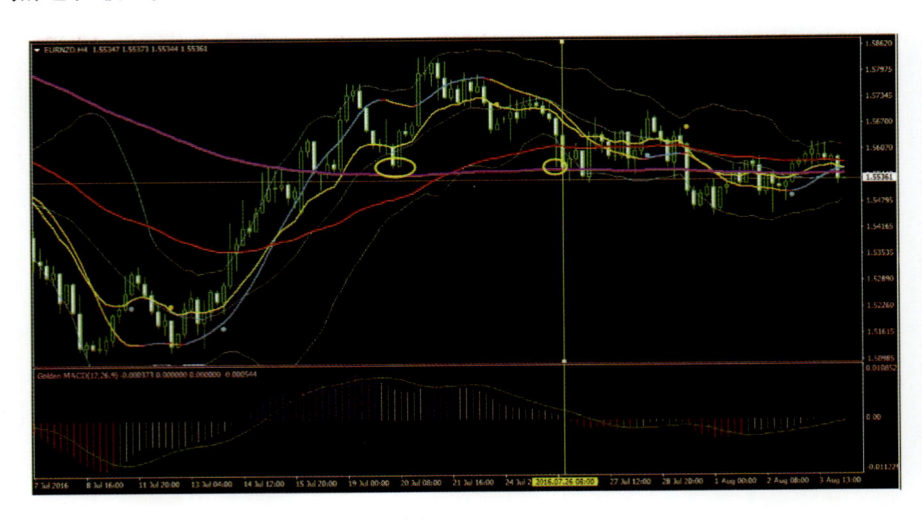

图5-49　欧新　4H　201607260800

图 5-50　新瑞　4H　201607260800

四、平仓条件

1. 进单位置计为 G 线第一次异色,当 G 线第三次变异色时(连续多段中间色也计为一次异色),下一根 K 的 Open 位置无论盈亏,平仓。如图 5-51 所示。

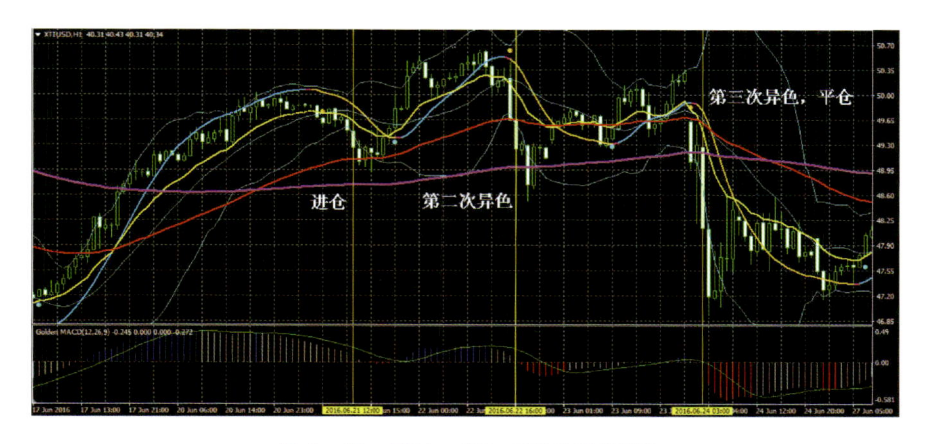

图 5-51　原油　1H　201606240300

2. 进单后,红、粉反叉,无论盈亏,平仓。如图5－52所示。

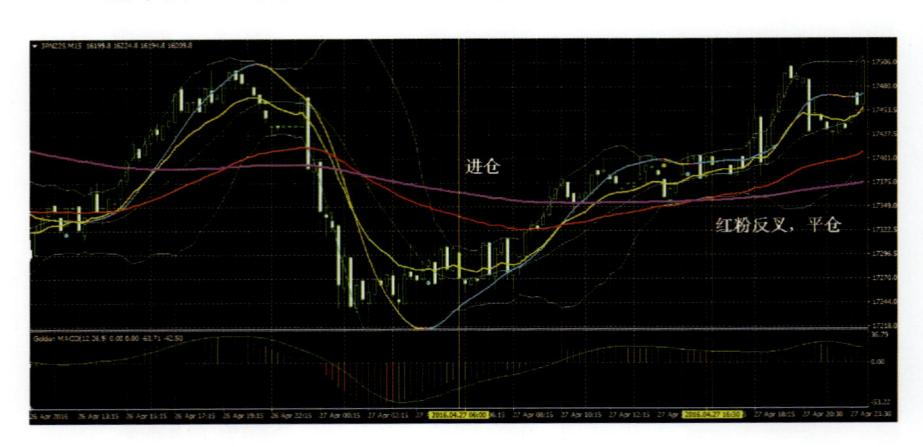

图5－52　日经指数　15M　201604271730

第六章

基本面与技术面综合分析做单法

第六章 基本面与技术面综合分析做单法

在一些国际新闻频道、财经网站、经济数据网站,都能看到一些有关金融、政治、各国货币政策的新闻,这里就给大家介绍一下如何应用。

如果某个国家经济数据(如 GDP)、就业数据、通胀率等低迷不及政府预期,该国央行就会出来干预,制定一些经济刺激计划。常听到的就是量化宽松,简称 QE,直接采取降息或发行国债等手段,以助经济复苏。而且美国、欧盟等一些国家在行动前都会提前告知,给市场反应的时间(这点和中国有较大不同)。

举 2015 年欧元降息和欧版 QE 为例。在真正降息和出台量化宽松政策之前,欧州央行行长德拉基就讲话告知要进行降息和量化宽松政策等举措。此时,欧元区因为欧债危机等原因,确实经济也下滑(可以在相关数据网站查询一下),加上美元强势,可以很自信地做空欧元,金融市场走的是预期,所以降息和量化宽松政策公布后,反而已经是趋势末端了。如图 6-1 所示。

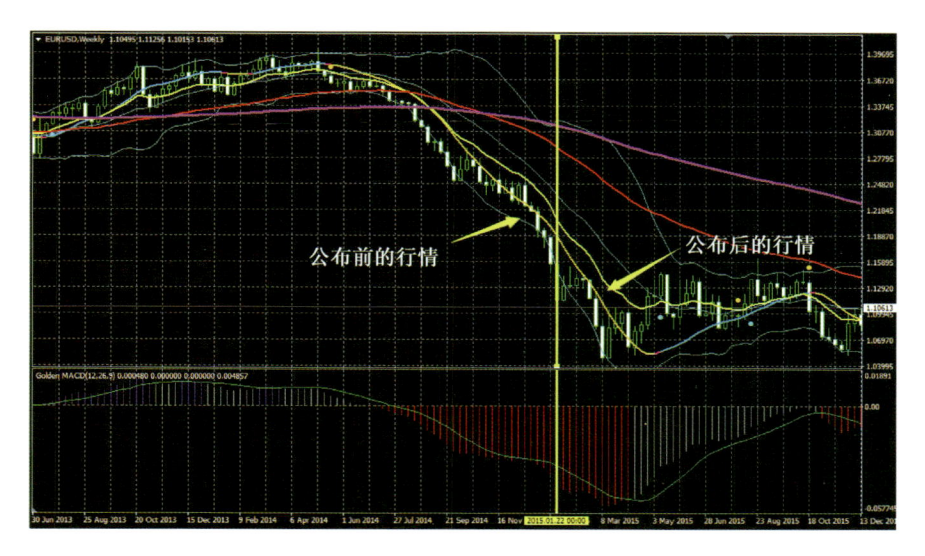

图 6-1

从图 6-1 中可以看出,公布之后虽然也走了一段很大的行情,但是一旦平仓时机不好,获利空间也相对较少。但和公布前相比,就有一段不错的行情,且没有震荡和大幅回调,比较容易盈利,如得知欧元即将降息,投资者才更有信心大胆放空欧元直至公布后的震荡行情中再择机平仓。

我们再来看一下英国退欧事件。如图6—2所示。

图6—2

从图6—2中我们可以看出市场情绪疯狂的变化。公投前,可以看出大家对留欧还是比较看好的,公投前英磅微涨;在公投中,退欧人数占据一定优势后,退欧几率变大时,英磅大跌;等公投退欧已成定局时,趋势开始震荡,隔周继续下行,但不久后回调。很明显,等结果出炉时,确实还有交易机会,但投资者应该更关注预期,在数据公布前及时根据预期尽早交易。

2016年7月10日,日本首相安倍晋三领导的执政党自民党在参议院选举中取得了压倒性的胜利。隔日,日本首相安倍晋三就表示12日将命令经济财政大臣石原伸晃编制经济刺激计划。见图6—3。

图 6-3

市场马上做出了反应，安倍经济学又要来了，美日暴涨，随之澳日、英日、新日、欧日等跟着暴涨。所以，关注市场新闻，预判市场预期，比等结果更加重要，市场预期判断正确，能获得很多回报。

以上新闻可能需要及时关注，但也有长期的新闻，比如说美国经济复苏，美联储担心经济过热，还要进行加息，这就是长期新闻。全球都在降息，美国却要加息，那么是让大家持有美元吗？这个人尽皆知的事就不在这里提了，告诉大家一个比较冷门的信息，且比较容易大盈利的品种，而且大多在MT4上也可以交易的到，那就是美股，下面我们来看标普500（如图6-4、图6-5所示）。

由于美国经济大好，美股持续上行，每当深度回调时，逢低做多是很好的投资选择，长期持有，会有不错的收益。当然，如果美国经济被全球带坏，或是自己出现了低迷，就要停止这个策略。

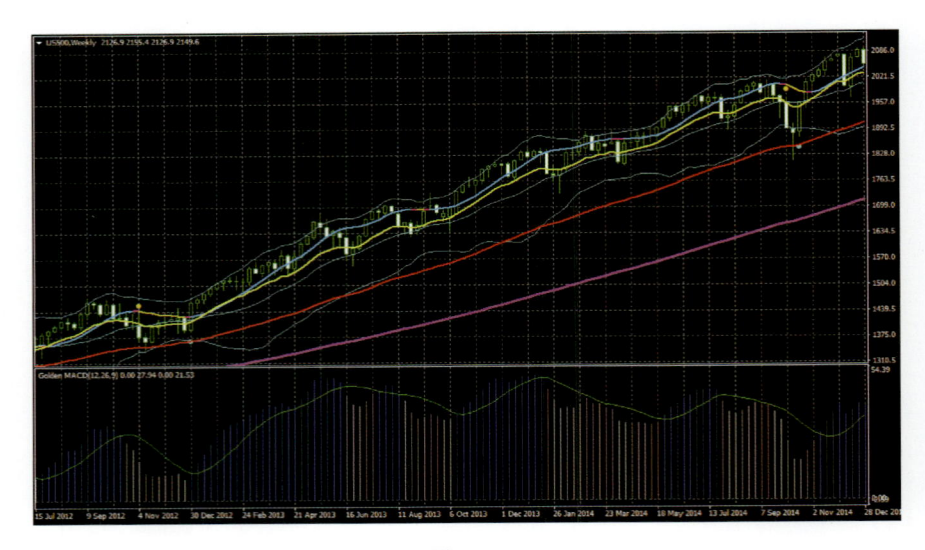

图 6-4

图 6-5

在没有基本面的心态支持下,技术面走到高位或低位时,特别是偏离均线很远时,逆势肯定是不能做,是否追单或者顺势做下去(如图 6-6 所示),往往需要基本面的心理支持。没有基本面事件,平时一般都是小行情,对于盈损比,我们也会比较小心,但有基本面支持的话,对这个趋势的理解也会更加深刻。

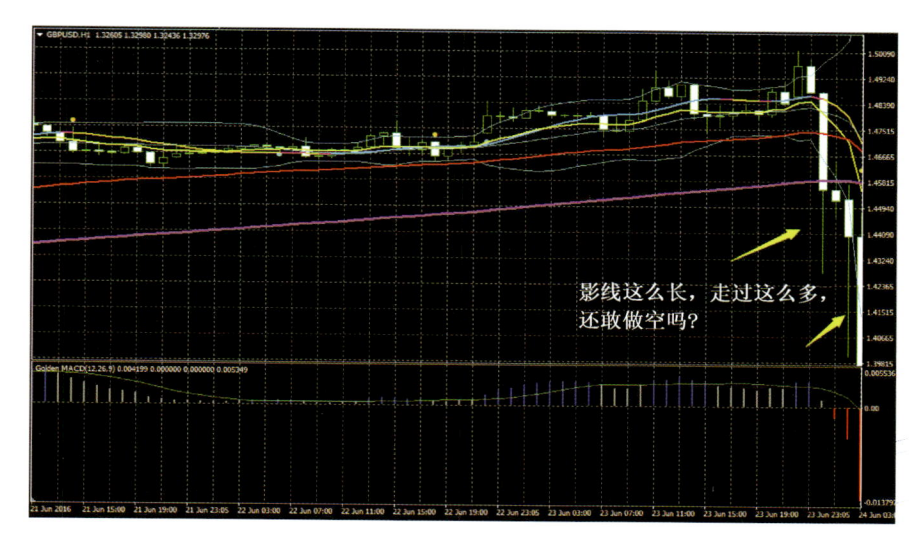

图 6-6

当然上文也只是介绍了部分方法,这个世界变幻莫测,基本面的学习是需要不断去获取新知识的,旧的知识可能是有保质期的,看新闻用自己的逻辑思维去辨别是非,能当谈资,又能理财,何乐而不为?

第七章

交易方法通用知识

第一节　平仓条件

各种方法都适用的平仓条件,进仓进得好,不如平仓平得好。

一、绝对平仓

一般首单或加倍途中遇到绝对平仓时,无论总体盈亏,都平仓为好。

(1)中趋势不一致时,本趋势偏离趋势线 5 格。

(2)中趋势不一致时,本趋势三次偏离趋势线 5 格。

(3)本趋势和上一级、下一级趋势均偏离趋势线 5 格,本趋势的 G 线未达 60 度以上。

注:中趋势不一致,指两主条件都不一致,或一主两次三条件不一致。

二、相对平仓

一般首单或加倍途中遇到相对平仓,总体有盈利时,平仓为好。

(1)本趋势偏离趋势线 5 格,同时偏离水红线 10 格。

(2)本趋势第三次偏离趋势线 5 格。

(3)第二次出现不利方向的锤子或流星,而且偏离趋势线 4～5 格。

(4)大 K 线加不利影线而且偏离趋势线 4～5 格。

(5)典型的双头双底偏离趋势线 4～5 格。

(6)三连阴或三连阳且偏离趋势线 4～5 格。

(7)金手指的单,高位空、低位多时,第一次到达 200 日线或到其附近形成不利影线。

(8) G 线 30 根 K 线未变色做多逢高位平，做空逢低位平，如出现快线变为中间色（灰色），速平。

(9) 中趋势或大趋势是平行窄轨遇上轨/下轨，且是盘整初期（小于 50 根的盘整）。

第二节　通用的判断条件

看盘标准：左右 136 根，上下 12 格。

通用知识将对所有章节中共通的东西进行说明和列举。

1. 按金手指信号和 G 线颜色一致即可进单。但若绝对高位空或低位多时，K 线跨 G 线或趋势线或 200 日线，可以中间色进。若绝对高位空或低位多时，K 线同时跨 G 线、黄线、趋势线、200 日线此 4 线中的 2 线，异色也可进。

2. 判断高位/低位主要以偏离趋势的距离为准，K 线最远点至少偏离趋势 5 格，200 日线 6 格，如 2 线间隔 2 格以上，可以偏离趋势线 4 格即可。

或标准看盘规格时，K 线基本连续上升或连续下跌 10 格，做空时跨线的 K 线基本处于右上方，做多时 K 线基本处于右下方。

3. 关于两线依序时两线的倾斜情况可以进单的补充说明：

两线轨外：两线倾斜方向都非反方向即可。

粉线轨外、红线轨内：粉线倾斜方向非反方向，红线倾斜方向需要一致。

两线轨内：两线倾斜方向都为同方向。

例外：K线依序破轨时不考虑倾斜方向及平躺粘连等情况，出信号后形成破轨且未走过多少行情（在后文中有说明），可以在破轨后的一根K线开盘直接进仓。开盘价填写为进仓K线开盘价。

4. 均线倾斜的判断标准：参照均线斜率指标，具体参数详见均线斜率使用说明。

5. 未走过多少行情，是指未走过出信号下一根K线开盘价算起的一半的止盈点数，如已走过一半的止盈点数，不做；未超一半，肯定可以做；但超出一半时，止损很小，货币对主要以未走过30点时，黄金、原油等活跃品种未走过50点时，可以由喊单助理决定做还是不做（主要是根据行情盘整震荡，错过一些就可以不做，如顺中趋势，与明朗的中趋势做单方向一致，也可以做，但最终交给喊单助理决定）。

6. 影线的最远点偏离趋势线≥4格，才是有效的影线。

7. 第X次的XXX（如金手指）不做，计算次数时，主要看是否走出行情，而非是否符合进仓条件的次数，盘整都计为一次，当红粉间隔缩小到明显≤1格，且两线斜率同时满足，后来再出依序方向的金手指信号，重新算为第一波信号。

8. 中趋势或大趋势有同向金手指时，如果是同时（本趋势1～2根内且没错过多少点）出的，中或大金手指不必同色。

9. 在轨内盘整的条件，一旦破轨，就没有轨内不利的条件。

10. 参考中或大趋势金手指时，金手指的G线由同色再变异色，再变同色，整段都视为一个金手指就好。

11. 受200日线阻挡，是指两线非依序排列时，黄线未与200日线形成和做单方向同向交叉的，视为200日线阻挡。

12. 受200日线或趋势线靠近阻挡，指前一根K线离趋势线或200日线1格以内受阻挡（当前K线如果没收盘就不算）。

13. 关于第 X 次不做，计数类重算的补充说明。例如，红黄交叉后就重新计算，或是当红粉间隔缩小到明显≤1 格，不管前面走过多少次，只要满足条件时，计数类的条件就重算，在满足条件时，都为第一个。

14. K 线未过 G 的金手指都不是有效信号，即：做多时，K 线收盘价要在蓝色 G 线之上；做空时，K 线收盘价要在黄色 G 线之下（特殊跨 G 信号除外，当然跨 G 就不存在此问题了）。

15. 同一段 G 线内，有可能出现多个金手指点，都只做第一个信号。若误过第一个信号，绝不要去补做第二个信号，若有回调且第一个信号未止盈，直接按第一个信号来做就好。

特殊情况：

没有出现有效的反向信号，再出同向信号视为和之前的同向信号为同一个信号，同一个信号只做第一个信号，若误过第一个信号，绝不要去补做后面的同向信号，若有回调且第一个信号未止盈，直接按第一个信号来做就好。如图 7－1 所示。

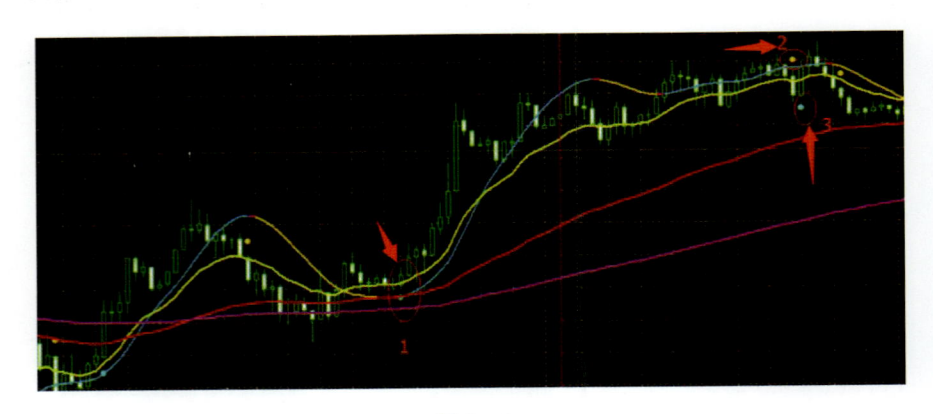

图 7－1

图 7－1 中，1 处为有效信号，2 为无效信号，3 为没有出现有效的反向信号再次出的同向信号，此时信号 1 已走过止盈，3 处不进单。

16. 不加倍方法，同一方向已有在单，再出新信号也不进。

第七章 交易方法通用知识

17. 关于两线依序、两线依序倾斜、两线支持、两线阻挡、两线依序排列的说明：

依序＝依序倾斜：做空时 K 线、红线、粉线是从下往上排列，做多时 K 线、红线、粉线是从上往下排列，且两线均与做单方向同向倾斜。

两线支持：在依序的基础上，两线靠近 K 线。

两线阻挡：做多时 K 线、红线、粉线是从下往上排列，做空时 K 线、红线、粉线是从上往下排列；且两线均与做单方向反向倾斜；两线靠近 K 线。

两线依序排列：做多时红线在粉线上方，做空时红线在粉线下方，即视为依序排列，无需看是否同向倾斜。

18. 大多数加倍方法，如果禁掉了加倍止盈单，或是人为误过可以止盈的趋势，是不能再补进或加倍的。未错过可以止盈的趋势，就可以。

19. 任何方法，遇上黑天鹅（巨 K 或大影线），都等盘整后出现的区间，形成的近高低点作为止损点，别设在 300 点以上影线的远点。

20. 关于劣质交叉的补充定义：未走出明显趋势的交叉，称为劣质交叉。未走出明显趋势指交叉完后不久就反叉，或交叉后行情经过盘整再次反叉，或交叉后未走出明显的单边趋势（小于 1.5 倍止盈的属于没走出单边趋势，止损很小时例外）。

21. 单边方法（如破位、双向加倍），喊单助理可以选择不做不活跃盘整的品种，提前告知检查员，遇盘整但要加倍时，可以采取破位挂单的形式进单，避开盘整。

22. 盘整方法（不设损的，单向加倍法，害怕单边的），喊单助理可以选择不做大时段刚突破的品种，或是常强烈单边的品种。提前告知检查员。

23. 关于 ATR，有使用到 ATR 指标且没有另做说明的，默认为：使用级别为日图,参数设置为一周 5 根日图 K 线的取 22,一周 6 根日图 K 线的取 26。

24. 除一些特殊方法难以避免的超大止盈或超大止损的订单,特别是日经以外的品种止盈止损位在盘面的上千点之外,都应该根据关键点或与其他订单的循环关系重新设置止盈止损。超大止盈的缩小止盈,并在止盈位挂反向同倍或降倍限价单;超大止损的缩小止损,使得反向的同倍或加倍单提前生效。

25. 关于止损±X 点的最低设置标准:1M、5M±5 点,15M、30M±10 点,1H±15 点,4H±20 点,1D±30 点。

第三节　比较通用的加倍方式

上册提到了一些加倍法,那么我们以黄红交叉为进单信号举例。

一、双向加倍做单法

1. 进仓方式

出现黄红交叉即做首单(明显交叉的下一根 K 线开盘价进仓),只要整体没有盈利(只有 A 单也算整体),出反叉就以马丁格尔加倍法(1,2,4,8,16)加倍进仓,封顶 16 倍,封顶后再出反叉从首单倍数做起。

2. 止损、止盈的设置

止损:练习时止损均以前一个交叉所创的高/低点作为止损点。

止盈:首单以止损点数的一倍设置,加倍单需考虑整体是否盈利,需设置到整体盈利的地方,越高倍,整体盈利的点数可以越高。

任何高倍单止盈后,需整轮平仓,不能放置在单止盈止损,以防反向。

二、红黄交叉破位法

1. 进仓方式

出现黄红交叉即做首单(明显交叉的下一根K线开盘价进仓),在止损位设置破位反向单,以马丁格尔加倍法(1,2,4,8,16)加倍进仓,封顶16倍。

2. 止损、止盈的设置

止损:首单练习时,止损均以前一个交叉所创的高/低点作为止损点,加倍单以首单到生效的当前K走过的最高/最低点作为止损参考点(挂B单时,首单到当前K走过的高/低点,即进仓的那根K线的最高/最低点)。

止盈:首单以止损点数的一倍设置,加倍单止盈点数等于前单止损点数。

止盈出单后,以首单量进仓。

第四节　交易技巧

单一方法,单一品种,盈损不合理,常是新入门者的交易通病,再次向大家推荐以下行式来做单,才能使账号更稳定。这也是"三三布阵法"中的一小块环节,很值得大家借鉴。

一、多品种

选择多个好的品种来交易,才有更多的机会,死盯一个很受限制,我们应该找一些近期活跃的方法来交易，当然盘整的方法应该找一些盘整的品种来交易。多好的品种，也别交易过多相似的品种，如果多走势是一样的品种，多品种并没有意义(走势相同的品种算一个品种)。

二、多方法

多个好的方法，最好有多个顺势的方法，几个盘整的方法相结合，形成互补，以适应各种趋势。

三、多时段

建议正常人以多个大时段为主，毕竟你有工作，你有家庭。小时段会比较容易引起心态上的起伏。

四、盈损合理化

出单后，平均止盈点数要大于平均止损点数(不同行情、不同品种，设置可以不同，但总方向是相同的，要达到均盈大于均损)；如果做不到，长期下来肯定效果不佳。

五、轻仓操作

让每一单损小于你想投资的总资金的1%，熟练了，可以小于你想投资的总资金的2%。

六、品种活跃

破位法和双向加倍相关方法，都推荐极度活跃的品种，盘整的建议不做，当然品种的趋势在转换，我们也需要及时调整。

第八章

三三布阵法实践感受

第一节　引　言

在《外汇交易实战策略》一书中，介绍了三三布阵法，大家也初步了解了其基本概念，从字面内容来说，大多数人对三三布阵法的简要内容，还是能简要了解的，但是为什么要三三布阵，为什么要这么布，为什么要多品种、多方法、多时段，怎么执行，怎么应用，这里就为您带来我的学生对三三布阵法的实战应用解读及感想，用他的经验，让大家少走弯路。

第二节　郑教授学生三三布阵实战解读及感想

7年前，初看三三布阵法，从字面上来说，浅显易懂，其原理也就是为了分散分险，不把鸡蛋放在同一个篮子里，对做过投资理财的人来说，应该都很认同。但是很可笑，在前几年的学习交易中，自己还是没有遵循三三布阵法的所有内容，导致亏损；要求自己一定要遵循后，又没有应用好。这样长年下来，才深深体会到了三三布阵法的奥妙之处、合理之处，在理解其深意后，再跟据自己的实际情况合理应用，才能发挥至极致。现在我把这些经验和教训分享给大家，相信一定对大家的交易有相当大的帮助。

先说说品种。初学外汇，当时较多的品种都比较活跃，盘整期较少，总体来说，比较好交易，但由于是新手，当时也不懂，错过了比较好交易的时期。学习初期，喜欢盯着一个比较好的品种做，也是全程死盯着一个品种，也完全不懂 ATR（货币活跃/波动点数），一心研究 K 线形态来做单。也是后来才发现"久走必盘"的道理同样适用于大的周期，一个很活跃的品种，易于交易，所带来的平均交易成本也会小，但久走必盘，走多了，累了也会休息一下。如图 8－1 所示。

图 8－1　黄金　月图　201606060000

对于进入震荡期的品种，确实不利于交易，做盘整吧，不规则不好定损，做单边肯定不行，没有趋势。所喜爱的品种"沉寂"了，怎么办呢？稳着做？忍着等突破？这都是下下策，正确而且必须的做法就是三三布阵法所提到的多品种，而且必须是多活跃、交易成本低的品种。交易成本中有点差和隔夜利息，这些都要综合考虑。如果只选择单一品种交易，那么交易的成败，多少还是很容易与该品种的趋势稳定性有较大的关联，但是，如果同时看所有可交易的品种，在所有可交易的品种中，选出当前最适合交易的品种（也就是刚才说的选活跃度高、交易成本小的品种）去交易，那么盈利的稳定性会大幅提高，就可以避免与农民伯伯一样要靠天吃饭。选择优秀品种，就好像你可以选择好天气种对应的农作物，而且不用怕洪水来或是天气不好。选择好的品种也蛮简单的，这个应该是最容易掌握的技术，不是很懂的读者，可以使用 MT4 自带的 ATR 指标，以及普通的大小均线指标，大时段 ATR 越大，均线越倾斜的品种，一般处于单边趋势，如果成本没问题的话，一般来说最适宜交易。当然，不是"小白"的话，大家只要会找单边品种就好了。如图 8－2 所示。

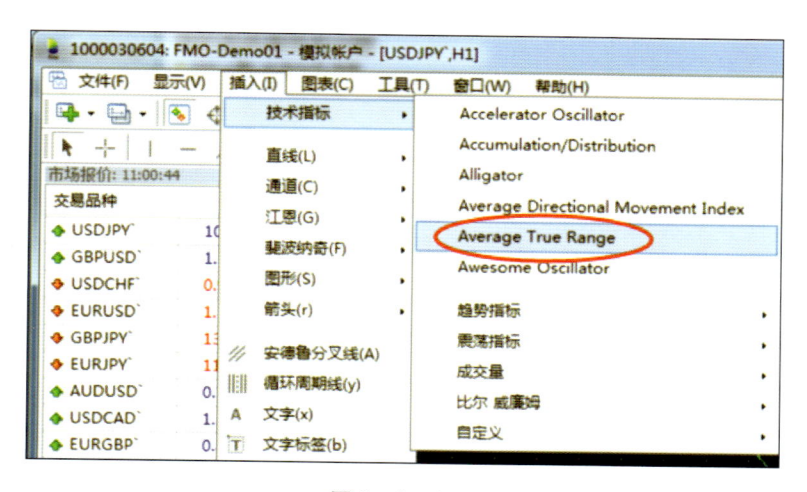

图 8－2　ATR

多方法的使用，也是布阵中很重要的一环，在学习初期，自己也是常使用单一方法来交易，特别是一时间盈利还不错的。不用多方法，也不是说不遵循三三布阵法，一个是自己擅长的方法也不多，然后某些方法近期表现不错，就会加资交易，这也是普通人的正常思维。多方法也并不懂得如何搭配才能平衡风险，方法的原理理解不深，也不知如何搭配，就好像当个美工，总得学下美术的基本理论才能做得好吧，颜色搭配什么的。现在回想当时的自己，感觉很好笑，笑在自己是多么的无知，不过也是摔打过，才使自己成长起来。

和多品种一样，单一方法也靠天吃饭。比如说，这个方法是需要单边趋势的，如遇盘整或是震荡，那基本亏损是肯定的，得等有趋势才能盈利回来，但如果遇长期盘整，那就尴尬了。还有，趋势的单边行情，也分缓慢单边（趋势较缓）、强烈单边（大K急走）、波浪起伏单边等形态，一个单边方法也不一定面面俱到。所以，在一个交易系统中，必须安排有多种方法照顾到各式各样的行情，无论是盘整还是单边，都要有不错的表现，互帮互助，形成团体，又能相互独立，每种方法自己在一定周期内一定是盈利的，那么搭配之后，对于稳定盈利就有很大帮助，而不是靠天吃饭。

多时段交易，对于有经验的交易者也很重要。多个时段综合分析，能够比较准确地分析出该品种未来的情况。不同的趋势，不同的时间，不同的事件，可能就要应用不同的时段。一般来说，越大时段，K线的有效性和稳定性肯定胜于小时段的。但是人的生命有限，时光宝贵，虽说时段越大越稳，但比如说周图以上级别，有时要等个十年左右才有一次好的交易机会，人生有几个十年……而且年轻的时候可能比较缺钱。所以也要有所取舍，取一个相对稳定的时段，我们可以有比较多的交易机会，用大时段来判断方向和行情，小时段用来找进仓时机。越活跃的品种，我们可以取小一些的时段来交易；越不活跃、越清淡的，可以选大时段的交易。特殊事件当中，如英国脱欧公投、"911事件"等特殊事件，市场超级活跃时，反而可以临时交易小时段，当然这个有时限的，就好像限时秒杀一样，要抢着时间点才有赚头。在大时段进入盘整期时，如果要交易，也最好往小的1~2个级别的时段图去参考进仓和平仓时机。当遇到某个品种十年一遇的大行情时（5分钟能有近百点，平时只有几点），短时段也是很好的盈利机会，此时一般可以中、短、长线一同操作。当然，如果是非农数据、利率决议造成的大幅震荡，反而更要小心翼翼。平时的行情，建议只操作中长时段，也可以省去短时段长期盯盘的劳累。

然后来聊聊三三布阵的多角色。对于个人交易，是不是只有一个角色呢？其实多角色也是可以有的。因为冷静下来的你、不冷静中的你，完全不是一个人，对吧？三三布阵中，有风控师一角色，但是我认为，这世界最了解你的，还是你自己，要做好自己的风控，控制住自己账号风险，最好的人选还是冷静下来的自己。除去贪念和欲望后，制定好自己的风控标准，研究自己交易方法所可能产生的风险，并合理地做好风险管控，将自己的资金浮动保持在较小的区间，那将很容易立于不败之地。在交易中遇到的不稳定的因素，交易不顺，及时总结提高，此时，自己也是规则的最好制定者，不断分析自己的交易数据，复盘总结修正方法，可以使自己不断进步。如果制定好规则后还是管不住手的话，可以让家人、朋友、爱人等来共同监督。

无单不设损，无损不做单。盈损合理化也是郑教授经常强调的一环。从业多年以来，发现很多交易者都是败在不设止损或是止损过大，账号无法承受，亦或是仓量过重，这种低级错误，冷静下来，使用小学数学加一些概率学的基本知识，就知道有些行为是不可行的了。

在金融交易市场上，我们都希望长期稳定收益，在长期交易的路上，稳定是十分重要的。通常人，包括交易者本身，都希望看到盈利后追加资金，如果前期表现很好，后期表现不好，很容易发生由于是后期增加资金后产生的亏损，导致前期资金较小盈利点数虽大于后期资金，但盈利金额由于本金的关系，远小于后期资金变大后产生的亏损，对于交易者和投资者都是很心痛的。我们需要一套完善的交易系统来保证盈利。

外汇市场风云变幻，很多东西我们要不断学习，但三三布阵系统规划好了正确的交易机制，稳中求胜，可以说是永恒不变的真理，希望大家都可以借鉴使用三三布阵的理念，从金融市场获得收益。